大金融书系
Macro-Finance Book Series
International Monetary Institute of RUC

U0663384

百舸争流

**East or West,
Home is Best?**
Are Banks Becoming
More Global or Local?

驰骋国际市场的中外资银行

贲圣林　俞洁芳　顾　月　等◎著

浙江大学互联网与创新金融研究中心
CENTER FOR INTERNET & FINANCIAL INNOVATION, ZJU

浙江大学金融研究所
Institute of Finance Research, Zhejiang University

ZHEJIANG UNIVERSITY PRESS
浙江大学出版社

图书在版编目（CIP）数据

百舸争流：驰骋国际市场的中外资银行 / 贲圣林等著.
—杭州：浙江大学出版社，2018.5
ISBN 978-7-308-17957-7

Ⅰ．①百… Ⅱ．①贲… Ⅲ．①投资银行—研究 Ⅳ.
①F830.33

中国版本图书馆CIP数据核字（2018）第012714号

百舸争流——驰骋国际市场的中外资银行

贲圣林　俞洁芳　顾　月　等著

责任编辑	姜井勇
责任校对	杨利军　汪　潇
封面设计	项梦怡
出版发行	浙江大学出版社
	（杭州市天目山路148号　邮政编码310007）
	（网址：http://www.zjupress.com）
排　　版	浙江时代出版服务有限公司
印　　刷	浙江省邮电印刷股份有限公司
开　　本	710mm×1000mm　1/16
印　　张	16.5
字　　数	203千
版 印 次	2018年5月第1版　2018年5月第1次印刷
书　　号	ISBN 978-7-308-17957-7
定　　价	95.00元

版权所有　翻印必究　印装差错　负责调换

浙江大学出版社发行中心联系方式：（0571）88925591;http://zjdxcbs.tmall.com

课题组简介　Group Profile

课题主持人

贲圣林　浙江大学互联网金融研究院院长，浙江大学管理学院教授、博士

生导师，中国人民大学国际货币研究所执行所长

俞洁芳　浙江大学经济学院金融系副主任、副教授、硕士生导师

课题组成员

顾　月　浙江大学管理学院

王艺林　浙江大学经济学院

张竞文　浙江大学经济学院

李格格　浙江大学经济学院

王予祺　浙江大学公共管理学院

杨一帆　浙江大学人文学院

专家咨询委员会（按姓氏音序排列）

曹　彤　　厦门国际金融资产交易中心董事长

陈卫东　　中国银行国际金融研究所所长

段国圣　　泰康集团执行副总裁、首席投资官

鄂志寰　　中银香港首席经济学家

傅安平　　中国人寿保险公司总裁

黄　清　　神华集团董事会秘书

焦瑾璞　　上海黄金交易所理事长

金雪军　　浙江大学公共政策研究院执行院长

金　煜　　上海银行董事长

刘　珺　　中国投资有限责任公司副总经理

刘青松　　中国证监会河南监管局前局长

王维安　　浙江大学金融研究所所长

王晓川　　亚特兰蒂斯集团总经理

王永利　　中国银行总行前副行长

向松祚　　中国人民大学国际货币研究所副所长

杨再平　　亚洲金融合作协会秘书长、中国银行业协会前专职副主席

张立钧　　普华永道大中华区金融行业主管合伙人

张晓朴　　中央财经领导小组办公室宏观局副局长

赵昌文　　国务院发展研究中心产业经济部部长

赵海英　　中国投资有限公司首席风险官

赵锡军　　中国人民大学财政金融学院教授

周道许　华融国际信托有限责任公司董事长

周尚志　中国出口信用保险公司大客户部总经理

庄毓敏　中国人民大学财政金融学院院长

专家委员会秘书长

俞洁芳　浙江大学经济学院金融系副主任

宋　科　中国人民大学国际货币研究所副所长

合作机构

浙江大学互联网与创新金融研究中心（CIFI）

浙江大学金融研究所（IFR）

中国人民大学国际货币研究所（IMI）

Project Leaders

Dr. BEN Shenglin

Dean, Academy of Internet Finance, Zhejiang University

Professor of Banking & Finance, School of Management, Zhejiang University

Executive Director, International Monetary Institute, Renmin University of China

YU Jiefang

Deputy Director, Finance Department, School of Economics, Zhejiang University

Associate Professor

Members

GU Yue	School of Management, Zhejiang University
WANG Yilin	School of Economics, Zhejiang University
ZHANG Jingwen	School of Economics, Zhejiang University
LI Gege	School of Economics, Zhejiang University
WANG Yuqi	School of Public Affairs, Zhejiang University
YANG Yifan	School of Humanities, Zhejiang University

Expert Advisory Committee (Alphabetical order of last name pinyin)

CAO Tong

Chairman, XFinTech

CHEN Weidong

Director General, International Financial Research Institute, Bank of China

DUAN Guosheng

EVP& CIO, Taikang Group

E Zhihuan

Chief Economist, Bank of China (Hong Kong)

FU Anping

CEO, PICC

HUANG Qing

Secretary to the board, Shenhua Group

JIAO Jinpu

Chairman, Shanghai Gold Exchange

JIN Xuejun

Executive Dean, Academy of Public Policy, Zhejiang University

JIN Yu

Chairman, Bank of Shanghai

LIU Jun

Deputy CEO, China Investment Corporation

LIU Qingsong

Former Director General, China Securities Regulatory Commission

WANG Wei'an

Director, Institute of Financial Research, Zhejiang University

WANG Xiaochuan

General Manager, Atlantis Group

WANG Yongli

Former Deputy CEO, Bank of China

XIANG Songzuo

Deputy Director, International Monetary Institute, Renmin University of China

YANG Zaiping

Secretary General, AFCA

Former Vice-Chairman, China Banking Association

ZHANG Lijun (James Chang)

Greater China Leader, Financial Services, PwC

ZHANG Xiaopu

Deputy Director-general, Central Leadership Group-Finance & Economy

ZHAO Changwen

Director-general, Development Research Center of the State Council (DRC)

ZHAO Haiying

Chief Risk Officer, China Investment Corporation

ZHAO Xijun

Professor of Finance, School of Finance, Renmin University of China

ZHOU Daoxu

Chairman, Huarong International Trust

ZHOU Shangzhi

General Manager, Key Account Department, China Export& Credit Insurance Corporation

ZHUANG Yumin

Dean, School of Finance, Renmin University of China

Expert Committee Secretary-General

YU Jiefang

Associate Director, Finance Department, School of Economics, Zhejiang University

SONG Ke

Associate Director, International Monetary Institute, Renmin University of China

Sponsoring Institutions

Center for Internet and Financial Innovation (CIFI), Zhejiang University

Institute of Financial Research (IFR), Zhejiang University

International Monetary Institute (IMI), Renmin University of China

序　言　Preface

同与不同

　　九月，中国人民大学国际货币研究所。同样是金秋，同样在人大，我们同一个团队，不忘初心，奔着相同的目标，发布了 2017 年度的银行国际化研究报告。和前两年一样，我们感恩感激；与往年不同，我们更进一步，除了银行国际化指数（BII）计算方法更加简洁，今年的报告还包含了更多的惊喜。

　　首先是全球化视角。我们在去年增加了全球系统重要性银行的基础上又增加了一些来自发达国家的区域性银行和另外四个金砖国家的主要银行，虽然它们不是全球系统重要性银行，但它们在各自的国家都是本国的系统重要性银行。这样，我们从三年前的 10 家中资银行起步，到今年已经涵盖了来自五大洲、19 个发达国家与新兴市场国家的共 49 家银行！而且，经过不懈的努力，我们的首版英文版在浙江大学出版社和斯普林格（Springer）出版社的努力下即将问世，我们更有底气将自己定位于全球银行业的国际化研究，离努力打造的银行国际化研究全球高地的目标更近了一步。

　　其次是品牌化战略。样本的扩大让我们今年的分析研究更有层次感、更有可比性，不仅有全球总排名，还有多种分排名等，这些丰富了我们的产品系列，覆盖了更广的区域，有助于我们在全球范围内力行品牌化战略。在这方面，我也很欣慰地看到我们的"中资银行国际化项目组"在过去一年演变为"金融国际化研究室"。从项目组到研究室，这不仅是名字的改变，也是我们思维模式的突破；不仅为我们的可持续发展、品牌化路线提供了组织保障，也为我们的对外合作提供了便利，为我们的团队成员提供了更好的舞台。

　　最后，我们根据全球过去一年的行业变化，梳理、归纳了 2016 年银行国际化的十大趋势，从战略收缩到并购扩张、从拥抱金融科技到开发实时支付，全球银行国际化格局正呈现出丰富而多样的变化。

　　我不敢预测未来，但有一个预测应当准确：与过去的一年相比，未来的一年还会有许多相同和不同。面对这些同与不同，无论是那些驰骋国际的银行还是我们起步不久的研究室，都需要奋斗，都需要进取，这也是一条不变的准则，因为我们的先人早已有言：百舸争流，奋楫者先；千帆竞发，勇进者胜！

贲圣林

2017 年 9 月 27 日凌晨 于 中国杭州西湖区三墩

百舸争流——

驰骋国际市场的中外资银行

East or West, Home is Best? —

Are Banks Becoming More Global or Local?

　　《百舸争流——驰骋国际市场的中外资银行》是"银行国际化系列报告"的第三期成果，报告将对国际银行业的分析拓展至了非系统重要性跨国银行。从中资银行的国际化到对标国际一流的新高度，再到放眼全球的多维度视角，希望通过对全球银行的国际化现状的展现与分析，进而挖掘银行业国际发展的因缘与意义，提供合理的国际化策略参考。与前两期报告相比，本期报告具有更简洁的评分体系、更丰富的案例内容、更多元的分析视角、更全面的 BII 排名等特点。

　　为更清晰有力地反映银行的国际发展情形，本期报告对 BII 测算体系进行了合理调整，在 2016 年八大指标基础上进行了分类，以境外资产积累、境外经营成果和全球布局等直接反映银行国际化水平的三大指标作为一级指标，构建 BII 评分体系，并设置相应的二级指标，在行文分析中进行详细解读。这样一来，既简化了 BII 的评分程序，又保证了全本报告的完整性，而跨境并购案例则从另一个视角对中资银行的国际化历程进行了补充。

　　本期报告依据系统重要性 / 非系统重要性银行、发达国家 / 新兴市场国家银行两个维度，来观察不同类型银行的 BII 表现。系统重要性银行的国际化水平始终处于高位，非系统重要性银行中发达国家银行的国际化仍有提升态势，新兴市场国家银行的国际化仍处于波动状态，中资银行相对其他四个金砖国家的主要银行表现更为稳健。

基于新的银行分类，参与本期 BII 测算的 10 家中资银行、22 家非中资系统重要性银行以及 17 家非系统重要性银行中，发达国家银行的国际化水平相较新兴市场国家整体偏高。2016 年全球银行 BII 位列前 20 名的银行均为发达国家银行，其中，法国占 3 家，英国、美国、日本、加拿大、新加坡各占 2 家。新兴市场国家在前 50%（即前 25 名）的排名中仅有中国银行一家处于 21 位，南非标准银行、印度巴罗达银行、俄罗斯联邦外贸银行、中国工商银行则进入了排名前 30 位。除中国银行与南非标准银行外，其余新兴市场国家银行 2016 年的 BII 分值均在 20 以下。

2016 年各银行的国际化活动有增有减，未来银行的国际化环境依然多变，银行在谨慎制定国际化战略、加强跨境风险防范的同时，或可抓住各类区域合作战略的契机，切实提升国际化水平。

百舸争流——

驰骋国际市场的中外资银行

目 录 Contents

East or West, Home is Best? —

Are Banks Becoming More Global or Local?

百舸争流——

驰骋国际市场的中外资银行

East or West, Home is Best? —

Are Banks Becoming More Global or Local?

图目录　Figures

百舸争流——
驰骋国际市场的中外资银行

East or West, Home is Best? —

Are Banks Becoming More Global or Local?

表目录　Tables

引　言　Prologue

2016 年，世界经济缓慢复苏，各国政策不确定性加大，中国供给侧结构性改革初步推进，国际合作持续深化。在此背景下，发达国家银行的国际化水平基本保持平稳，新兴市场国家银行的国际化水平出现波动，中资银行的国际化脚步较为稳健。

从 2008 年金融危机爆发至欧债危机持续，从科技金融突起到"一带一路"倡议提出，近年来众多政治、经济事件影响着银行业的国际化战略与行为，但国际化历史漫长的发达国家银行已然形成了自身的国际化优势，因而过去十年，发达国家银行的 BII 变动较为平缓。2016 年，87% 为发达国家银行的系统重要性银行的 BII 水平依然领跑全球。

与发达国家不同，新兴市场国家无论是经济增长还是银行业发展均是在进入 21 世纪后才有更为亮眼的表现，就短暂的银行国际化历史而言，其国际化成果可谓十分丰硕。2016 年，以金砖国家为代表的新兴市场国家经济增速企稳，GDP 增速为 4.1%，与 2015 年持平，成为世界经济复苏的主要动力。但在近几年复杂多变的世界格局下，这些国家的银行发展也多经坎坷，国际化道路并非一帆风顺。

相比于其他新兴经济体的银行，中资银行一直紧跟市场，保持着积极的前进方向，国际化发展更加稳健。至 2016 年年底，5 家中资大型商业银行共在全球开设了 1102 家境外分支机构，境外资产总额超过 1151 万亿元。4 家系统重要性中资银行中，中国工商银行评级有所提升，国际重要性受到更多关注。

未来的世界金融格局将更加复杂。了解发展现状、积极把握发展机遇、总结传承海外经验、合理规划机构布局、制定完善发展战略是所有银行审慎推进国际化的基本前提。"银行国际化系列报告"的第三期成果《百舸争流——驰骋国际市场的中外资银行》在前两期报告的基础上，科学简化了银行国际化指数（BII），以境外资产积累、境外经营成果和全球布局等直接反映银行国际化水平的三大指标作为一级指标，构建 BII 评分体系，并设置相应的二级指标，在分析中进行详细解读，帮助银行正确认识自己目前的发展状况及市场地位，分析在国际化进程中出现的新挑战和新机遇，以便更好地制定下一步的国际化发展战略。

百舸争流——

驰骋国际市场的中外资银行

East or West, Home is Best? —

Are Banks Becoming More Global or Local?

第一章　Chapter 1

宏观经济环境变化与发展

1.1　世界经济缓慢复苏，政策不确定性加大

1.2　国内经济缓中趋稳，供给侧改革初步推进

1.3　金融业态多元发展，监管制度日趋完善

1.4　国际合作持续推进，中国金融接轨世界

2016 年，世界经济缓慢复苏，全球经济面临新增长陷阱，不稳定因素增加。中国经济缓中趋稳，金融体系日益完善，对外开放不断扩大。

1.1 世界经济缓慢复苏，政策不确定性加大

国际经济处于深度调整之中，国际格局和国际秩序也在发生深刻变化。世界经济缓慢增长，政策不确定性加大。

从主要发达经济体来看（见表 1-1），各国的发展状况存在差异。美国、英国的经济表现总体乐观，相比 2015 年，两国 GDP 增速缓中略降，通胀水平回升。欧元区经济也有所改善，其中 12 月失业率降至 2009 年 5 月以来新低，12 月调和消费者物价指数（HICP）创 2013 年 9 月以来新高。但值得注意的是，欧元区产出缺口仍然明显，难民问题和银行业风险也在一定程度上限制了其经济发展。日本经济则深受复苏动力不足的困扰，2016 年，日本 GDP 仅增长 1%，通缩压力较大，家庭消费持续保持负增长，经济恢复较为缓慢。

表 1-1　2016 年主要发达经济体宏观经济指标（％）

地区	指标	2016 年第一季度			2016 年第二季度		
		1 月	2 月	3 月	4 月	5 月	6 月
美国	实际 GDP（国内生产总值）增速（同比，季调）		1.36			1.23	
	CPI（居民消费价格指数）（同比）	1.4	1.0	0.9	1.1	1.0	1.0
	调和失业率（季调）	4.9	4.9	5.0	5.0	4.7	4.9
英国	实际 GDP 增速（同比，季调）		1.61			1.73	
	CPI（同比）	0.3	0.3	0.5	0.3	0.3	0.5
	调和失业率（季调）	5.1	5.0	4.9	4.9	4.9	4.9

续表

地区	指标	2016 年第一季度			2016 年第二季度		
		1 月	2 月	3 月	4 月	5 月	6 月
欧元区	实际 GDP 增速（同比，季调）	1.68			1.70		
	CPI（同比）	0.3	−0.2	0.0	−0.2	−0.1	0.1
	调和失业率（季调）	10.3	10.3	10.2	10.2	10.1	10.1
日本	实际 GDP 增速（同比，季调）	0.47			0.94		
	CPI（同比）	−0.1	0.2	0.0	−0.3	−0.5	−0.4
	调和失业率（季调）	3.2	3.2	3.2	3.2	3.2	3.1
地区	指标	2016 年第三季度			2016 年第四季度		
		7 月	8 月	9 月	10 月	11 月	12 月
美国	实际 GDP 增速（同比，季调）	1.52			1.84		
	CPI（同比）	0.8	1.1	1.5	1.6	1.7	2.1
	调和失业率（季调）	4.9	4.9	4.9	4.8	4.6	4.7
英国	实际 GDP 增速（同比，季调）	1.96			1.93		
	CPI（同比）	0.6	0.6	1.0	0.9	1.2	1.6
	调和失业率（季调）	4.8	4.7	4.8	4.7	4.7	4.6
欧元区	实际 GDP 增速（同比，季调）	1.69			1.89		
	CPI（同比）	0.2	0.2	0.4	0.5	0.6	1.1
	调和失业率（季调）	10.0	9.9	9.8	9.7	9.6	1.1
日本	实际 GDP 增速（同比，季调）	1.03			1.67		
	CPI（同比）	3.0	3.2	3.0	2.9	3.0	2.9
	调和失业率（季调）	3.0	3.1	3.0	3.0	3.1	3.1

资料来源：浙大 CIFI，中经网统计数据库。

从主要新兴经济体来看，其经济发展呈现出诸多特点。首先，经济增速企稳（见

图 1-1）。2016 年，主要新兴市场和发展中经济体的 GDP 增速为 4.1%，与 2015 年持平，成为世界经济复苏的主要动力。其中，印度、中国经济增速保持高位，巴西、俄罗斯等资源型国家的 GDP 增速虽仍为负值，但有所上升。

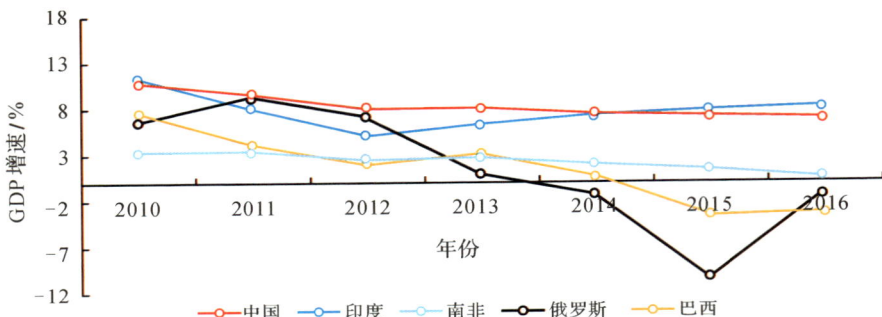

图 1-1 2010—2016 年部分新兴经济体 GDP 增速

资料来源：浙大 CIFI，中经网统计数据库。

其次，通货膨胀压力较大（见图 1-2）。在大宗商品价格回升、货币贬值的双重冲击下，南非、中国等新兴经济体的通货膨胀率多有上升，巴西、俄罗斯等国的通货膨胀率虽有下降，但仍然维持在较高水平。

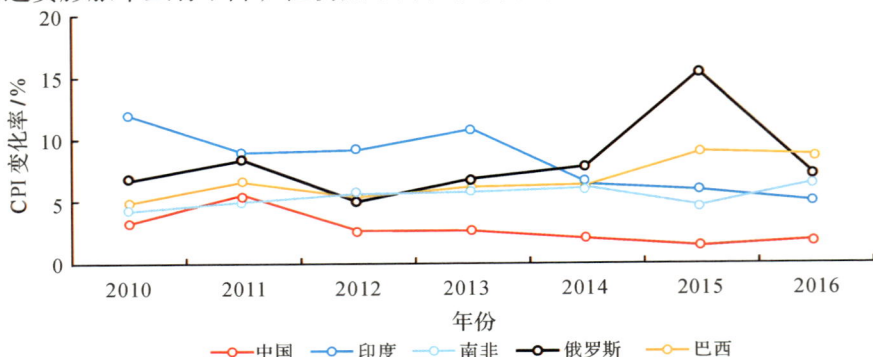

图 1-2 2010—2016 年部分新兴经济体 CPI 变化率

资料来源：浙大 CIFI，中经网统计数据库。

最后，多国货币汇率出现波动（见图1-3）。受美联储政策调整及"黑天鹅"事件频发的影响，外汇市场不稳定性加大。俄罗斯卢布、南非兰特兑美元汇率较2015年年末升值19.08%、12.60%，印度卢比、墨西哥比索和土耳其里拉则贬值2.57%、17.11%和17.30%，变动幅度较大。

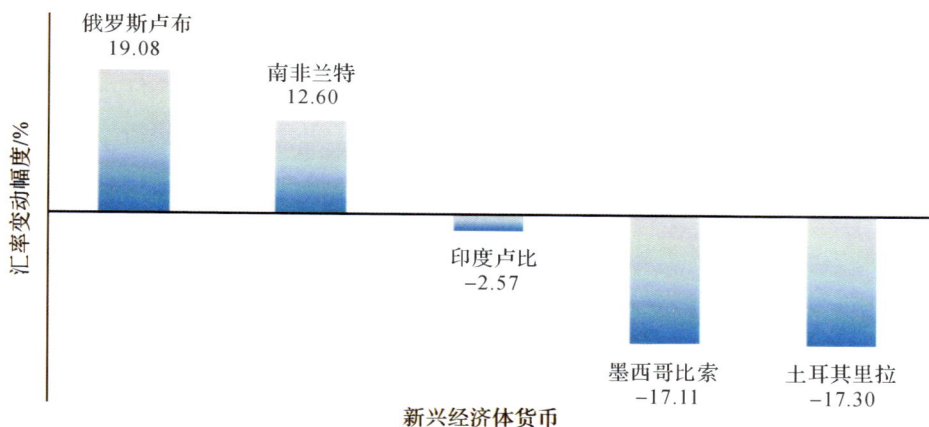

图 1-3　2016 年部分新兴经济体货币兑美元汇率变动幅度

资料来源：浙大 CIFI，路透社。

从各国政策来看，分化趋势明显，不确定性加大。发达国家方面，特朗普赢得美国总统大选，主张推行积极财政政策、反全球化贸易政策、"再工业化"产业政策，将对各国造成难以预计的影响。特朗普政府对低利率政策的批评又将加快美联储的加息进程，引发国际金融市场的震荡。欧洲央行下调再融资操作利率、边际存款利率和边际贷款利率，并扩大月度资产购买规模，对经济的刺激力度加大。英国脱欧程序尚未完成，仍然面临政治、经济、金融等多重挑战。为化解老龄化、创新不足和结构性问题等负面影响，日本央行引入了负利率政策，并将收益率曲线管理和通货膨胀承诺作为其新货币政策框架的主要内容。新兴经济体中，俄罗斯、印度、巴西等国连续多次调低指标利率以提振经济、缓解外部冲击，南非、墨西哥等国则多次上调政策利率，通过收紧货币政策来应对国内通货膨胀，缓解本币贬值压力。

1.2 国内经济缓中趋稳，供给侧改革初步推进

2016 年，我国发展的外部环境愈发复杂，国内则面临经济下行压力增大、结构性问题突出、风险隐患显现等多重困难。在这一背景下，我国继续加强宏观调控，依靠改革创新来稳增长、调结构、防风险。具体而言，加大了积极财政政策的实施力度，进一步减税降费；保持货币政策灵活、稳健，并综合运用多种货币政策工具来支持实体经济；实施了多项举措以促进消费升级，鼓励民间投资，分类调控房市等。

总体而言，2016 年国内宏观经济运行主要有以下特点。第一，国内经济平稳增长。2016 年，国内生产总值达 74.4 万亿元，相比 2015 年，GDP 增长率略有下降，但经济增速仍处高位，对世界经济增长的贡献率超过 30%。第二，就业、收入不断增长。全年新增城镇就业人数 1314 万人，城镇登记失业率降至 4.02%，为 13 年来的最低值；同时，城镇居民人均可支配收入增长 5.6%，农村居民人均可支配收入增长 6.2%，城乡居民收入差距缩小，人民生活水平继续提高。第三，三大需求构成要素总体保持稳定（见图 1-4）。从消费来看，社会消费品零售总额达 33.23 万亿元，增长 10.4%，增速仅比上一年低 0.3%。从出口来看，出口额达 13.84 万亿元，下降 2.0%。进出口相抵后全年贸易顺差为 3.35 万亿元。从投资来看，全社会固定资产投资完成额为 60.65 万亿元，全年增长 7.9%。总体而言，全年最终消费支出对 GDP 增长的贡献率为 64.6%，需求结构得到进一步改善。

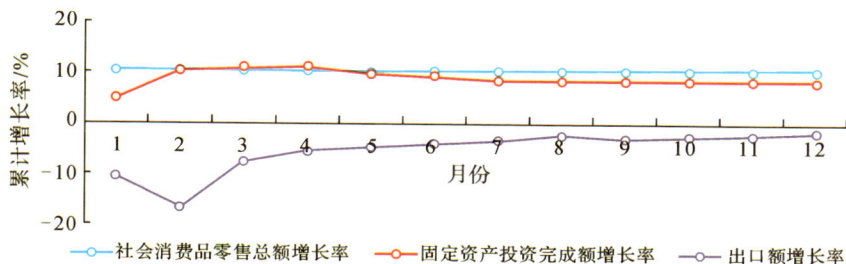

图 1-4　2016 年三大需求构成要素累计增长情况

资料来源：浙大 CIFI，中经网统计数据库。

　　此外，政府在适度扩大总需求的同时，坚持以供给侧结构性改革为主线，着力抓好"三去一降一补"。去产能方面，以钢铁、煤炭行业为重点的去产能持续推进，全年退出钢铁产能超过 6500 万吨、煤炭产能超过 2.9 亿吨，与之相关的去产能金融服务也同步推进，钢铁、煤炭企业的债务融资顺利接续。去库存方面，实施差别化住房信贷政策，管控热点城市的房地产领域资金。同时，支持居民自住的合理购房需求，从政策上支持农民工在城镇买房，提高棚改货币化安置① 比例，更多住房困难家庭告别棚户区。自 2016 年 2 月至 2016 年 11 月，商品房和住宅待售面积连续 9 个月下降（见图 1-5），房地产去库存稳步推进。去杠杆方面，针对储蓄率高和以信贷融资为主的融资结构，推进资产证券化，支持市场化、法制化债转股，加大对直接融资的支持力度。在政策支持下，企业继续盘活存量资产，积极稳妥去杠杆。降成本方面，出台减税降费、降低"五险一金"缴费比例

---

　　① 棚户区改造是我国政府为改造城镇危旧住房、改善困难家庭住房条件而推出的一项民心工程。棚改货币化安置包括了居民自主购买、政府购买安置、货币直接补偿等形式。

等举措，并且下调中期边际借贷利率，以降低企业融资成本。补短板方面，着力改善制约经济社会发展的突出问题，加快推进公共服务、基础设施建设，精准扶贫、精准脱贫得到深入实施。

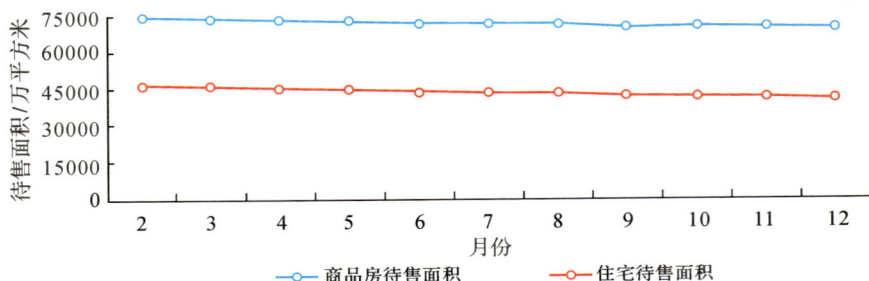

图 1-5   2016 年房地产待售面积

资料来源：浙大 CIFI，中经网统计数据库。

1.3   金融业态多元发展，监管制度日趋完善

2016 年，我国货币政策保持审慎和稳健，为稳增长和供给侧结构性改革提供了适宜的货币金融环境。在此基础上，国内金融稳步发展，金融体系日益完善。

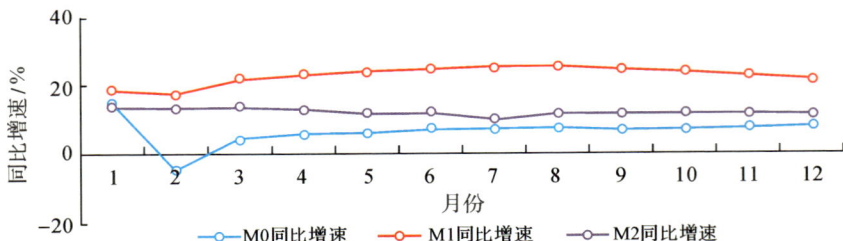

图 1-6   2016 年中国货币供应量同比增速

资料来源：浙大 CIFI，中经网统计数据库。

从金融市场来看，首先，货币总量保持平稳增长（见图 1-6）。2016 年年末，流通中货币 M0 的余额为 6.8 万亿元，同比增长 8.1%；狭义货币供应量 M1 的余额为 48.7 万亿元，同比增长 21.4%；广义货币供应量 M2 的余额为 115.0 万亿元，同比增长 11.3%。全年现金净投放 5087 亿元，金融体系流动性保持合理、充裕。其次，社会融资规模适度增长。2016 年年末，社会融资规模存量增长 12.8%，达 156.0 万亿元（见图 1-7）。其中，全年对实体经济发放的人民币贷款大幅增加，达 12.44 万亿元，占社会融资规模增量的 69.9%。在股票、债券市场方面，2016 年，银行间债券总指数由 171.2 上升至 174.4，同比上升 1.9%；股票市场指数则在 1 月出现大幅下跌，随后波动回升，年末上证综合指数下跌 435 点，深证成分指数下跌 752 点。

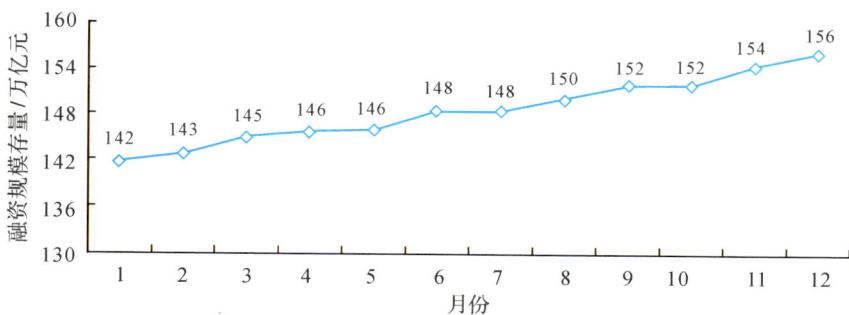

图 1-7 2016 年社会融资规模存量变化

资料来源：浙大 CIFI，中国人民银行。

从金融机构来看，银行、证券公司、期货公司、保险公司的发展均颇见成效。截至 2016 年年末，银行业资产总额达 232.25 万亿元，同比增长 15.8%，增速大于 2015 年。2016 年，全国共有证券公司 129 家，其中上市证券公司 26 家，经营机构数量有所增长。期货公司风险管理子公司为满足企业风险管理需求，推出仓单服务、场外期权等业务，继续扩大"保险＋期货"试点。截至2016年年末，全国共有保险机构203家，保险业总资产达15.12万亿元，同比增长22.3%；全年赔款与给付达1.05万亿元。此外，金融科技（fintech）的发展值得关注。一是互联网金融不断涌现新变化。2016年，网贷行业、众筹行业的发展出现降温，运营平台数有所下降，走出了"野蛮发展"阶段，第三方支付、互联网保险的规模则处于扩张之中。2016年3月，中国互联网金融协会在上海市黄浦区挂牌成立。10月，国务院公布了《互联网金融风险专项整治工作实施方案》，互联网金融的风险得到进一步防范，全行业规范有序发展。二是互联网金融技术蓬勃发展。大数据、云计算、人工智能、区块链等一系列技术创新加速发展，并渗透到支付清算、借贷融资、财富管理等金融领域中。全年金融科技融资达到281笔，融资金额达到917亿元，居全球第一位。三是金融机构同互联网公司的联系愈发紧密。2016年8月，继中国建设银行、中国银行携手阿里、腾讯之后，中国工商银行、中国农业银行、交通银行也与京东、百度、苏宁签订了战略合作协议，互联网企业与商业银行开启了合作新征程。

此外，金融监管体系日益完善。自2009年起，中国人民银行开始研究强化宏观审慎管理的政策措施。2011年，差别准备金动态调整机制正式实施，并在促进货币信贷平稳增长、维护金融体系稳健等方面发挥了重要作用。当前，中国经济处于"三期叠加"阶段，金融风险愈加复杂，资产负债类型愈加多样，金融改革愈加深入，差别准备金动态调整机制"升级"为宏观审慎评估体系（MPA，Macro Prudential Assessment），并于2016年正式实施。宏观审慎评估体系将对狭义贷款的关注扩展到对广义信贷的关注，重点关注宏观审慎资本充足率，并保持逆周期调控的理念，从以下七个方面对金融机构的行为进行引导：资本和杠杆情况、资产负债情况、流动性情况、定价行为、资产质量情况、跨境融资风险情况及信贷政策执行情况。宏观审慎评估体系适应了经济金融新形势，综合考虑量与价、间接融资与直接融资，由事前引导转为事中监测、事后评估，是更为全面的宏观审慎管理框架。除建立宏观审慎评估体系以外，金融监管的协调程度也逐步加强。近年来，交叉性金融业务蓬勃发展，支付清算体系因新技术、新制度而发生了深刻变化，监管部门之间如何协调成为分业监管格局亟待解决的一大难题。2016 年，金融监管协调部际联席会议制度继续推进，在防范系统性风险、促进金融服务实体经济等方面发挥了积极作用。

1.4 国际合作持续推进，中国金融接轨世界

2016 年，"十三五"规划正式实施，强调开放是国家繁荣发展的必由之路，必须顺应我国经济深度融入世界经济的趋势，奉行互利共赢的开放战略。在国家政策的引导下，我国对外开放程度不断加深，中国金融正在接轨世界。

一是对外贸易回稳向好。2016 年，我国货物进出口总额达 24.33 万亿元，同比下降 0.9%，但降幅相比 2015 年收窄约 6 个百分点。其中，出口 13.84 万亿元，进口 10.49 万亿元，全年贸易顺差 3.35 万亿元。2016 年，新设 12 个跨境电子商务综合试验区和 7 个自贸试验区，上海等自贸试验区的改革创新成果也得到推广，除了少数领域外，多数外资企业的设立及变更由审批改为备案管理，外贸发展措施进一步改善。2016 年按月份中国进出口额同比增速情况见图 1-8。

二是国际合作持续推进。"一带一路"倡议实施三年来，我国已经与沿线多国的发展战略实现了对接。2016 年，沿线各国继续在多领域开展合作，"一带一路"

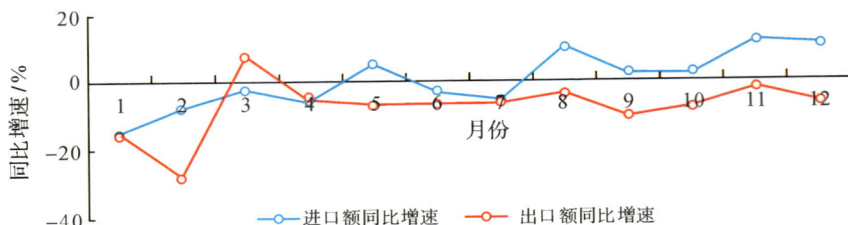

图 1-8 2016 年中国进出口额同比增速

资料来源：浙大 CIFI，中经网统计数据库。

以"五通"为主线取得一系列重大成果。截至 2016 年，中国已与 30 余个国家签署"一带一路"合作协议，"一带一路"下的第一个多边合作纲要启动、中蒙俄经济走廊正式建成，中韩日三方则同意加快自贸区谈判，促进经济与产能合作。"合满欧"班列、"营满欧"班列、"中欧"班列等列车往返营运，为各国贸易打通新通道。中国企业开发南欧江阶梯水电、阿尔及利亚东西高速公路等项目，既方便了当地居民生活，又带来了巨大的社会效益。中国已在 20 多个国家建立了 56 个经贸合作区。2016 年，"一带一路"沿线国家进出口总额增长 0.6%，达 6.3 万亿元人民币，沿线国家新签署的对外承包工程合同增长 36%，达 1260 亿美元，对沿线各国的累计投资也超过了 185 亿美元。其中，中国与印度、越南的贸易顺差最大，而与马来西亚、阿曼的贸易逆差最大（见图 1-9）。此外，至 2016 年金砖合作机制也已经走过 10 年。金砖五国人口占世界的 43%，国土面积占世界的 30%，GDP 约占世界的 23%，贸易额约占世界的 16%，过去 10 年对世界经济增长的贡献率达 50%，是全球发展的主动力。近年来，金砖国家间的经济往来愈加频繁，以中俄为例，2016 年，俄罗斯跨境网购的海外订单量约为 2.45 亿个，其中 90% 来自中国，平均每天有 50 多万件包裹从中国发至俄罗斯，中国商品已占俄在线跨境贸易总额的一半以上。[①]

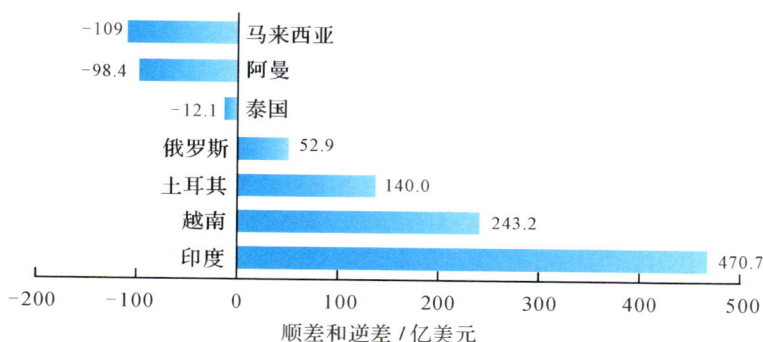

图 1-9　中国与"一带一路"沿线部分国家贸易顺差和逆差

资料来源：浙大 CIFI，"一带一路"贸易合作大数据报告（2017）。

三是人民币国际化步伐愈加稳健。首先，人民币汇率形成机制不断完善。2016 年，"收盘汇率 + 一篮子货币汇率变化"的人民币兑美元汇率中间价形成机制初步形成。该机制更加公开、透明、规范，兼顾了市场供求、保持一篮子货币稳定、稳定市场预期三者之间的关系。2016 年，人民币兑美元汇率中间价累计贬值 3149 个基点，贬值幅度为 4.88%（见图 1-10）。其次，人民币跨境使用规模基本稳定。据环球同业银行金融电信协会（SWIFT）统计，2016 年，人民币在全球支付中占比为 1.68%，在全球支付货币中排名第六，较 2015 年略有下降，但人民币外汇交易数量超过 1300 万笔，较上年增长了 12%。同时，国际清算行

① 资料来源：俄罗斯电子商务协会。

15

2016 年 9 月公布的外汇市场调查报告显示，人民币在全球外汇交易中的占比为 4%，日均交易量为 2020 亿元，已成为全球第八大交易货币，在全球外汇交易市场中占据着较重要的地位。

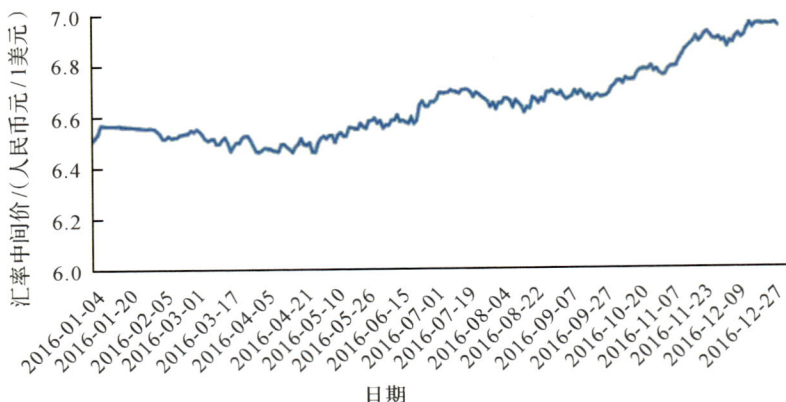

图 1-10　2016 年人民币兑美元汇率中间价走势

资料来源：浙大 CIFI，国家外汇管理局。

四是金融市场开放程度有所提高。首先，中国银行间外汇市场引入了境外机构，并由银行间外汇市场成员在上海建立了全国外汇市场自律机制，外汇市场健康、有序地进行对外开放。其次，境外机构积极在银行间债券市场上进行投融资活动。截至 2016 年年末，境外发债主体包括了外国政府、国际开发机构、境外金融机构、非金融企业等，累计发行 631 亿元人民币熊猫债（指境外机构在中国发行的以人民币计价的债券）。境外投资主体范围进一步扩大，共有 407 家境外机构进入银行间债券市场，较 2015 年增加了 105 家。2016 年 8 月，世界银行在银行间债券市场发行第一期特别提款权计价债券，丰富了我国债券市场的交易品种。再次，2016 年 12 月 5 日，深港通开通仪式在深圳和香港同时举行，境内外股票市场实现互联互通、共同繁荣。最后，在上海自贸区挂牌三周年之际，上海黄金交易所推出全球首个以人民币计价的集中定价合约"上海金"，完善了人民币黄金市场的价格形成机制，加快了黄金市场的国际化进程。

五是中资金融机构有序布局境外发展。2016 年，银行、证券、保险、基金公司加速"走出去"，形成了由银行带领，证券、保险、基金公司共同推进的国际化队伍。截至 2016 年年底，我国五家大型商业银行共在全球开设 1102 家境外分支机构，较 2015 年下降 4.09%；境外总资产超过 1151 万亿元，较 2015 年增长 16.68%（见表 1–2）。2016 年，中信证券和中信里昂证券在香港市场共参与了 11 单 IPO（首次公开募股）、16 单债券融资项目、13 单财务顾问项目，全年境外主营业务收入超过 81 亿元，营业利润增长 6.68%。中信证券还完成了对菲律宾信安银行和日本三菱的重大并购项目，境外固定收益平台年化收益率达到12%，发展稳健。中资保险公司境外业务规模出现大幅提升。2016 年，中国出口信用保险公司继续扩大承保规模，承保总额为 4731.2 亿美元，其中，中长期出口信用保险的承保金额为 226.1 亿美元，短期出口信用保险的承保金额为 3752.4亿美元，境外投资保险的承保金额为 426.5 亿美元。保险公司境外投资的形式也愈加多样，如安邦保险签约收购美国信保人寿公司，中国人寿收购美国优质精选型酒店资产包，安邦保险、中国人寿、合众人寿三家保险公司还投资了国外不动产等。基金公司方面，截至 2016 年 12 月，我国境内共有基金管理公司 108 家，其中内资公司 64 家，中外合资公司 44 家。截至 2016 年年末，共有 278 家 QFII（合格的境外机构投资者）获批 873.09 亿美元额度，177 家 RQFII（人民币合格境外投资者）获批 5284.75 亿元人民币额度。

表 1-2　2016 年中国五家大型商业银行境外业务情况

项目	中国银行	中国农业银行	中国工商银行	中国建设银行	交通银行
境外分支机构数（家）	578	18	412	29	65
境外资产（百万元）	5069047	807402	3129868	1663306	849999
境外收入（百万元）	120910	21194	85371	15387	10471
境外利润（百万元）	81390	2213	30821	6771	6085

资料来源：浙大 CIFI，各行 2016 年年报。

第二章　Chapter 2

中资银行国际化稳步提升

2011 年，金融稳定委员会（FSB，Financial Stability Board）与巴塞尔银行监管委员会（BCBS，Basel Committee on Banking Supervision）发布了第一份"全球系统重要性银行"（G-SIBs，Global Systemically Important Banks）名单，并按其重要性的不同，建议对不同银行实施不同的附加资本要求。截至 2016 年，中资银行中共有 4 家银行上榜，分别为中国工商银行、中国农业银行、中国银行、中国建设银行（见表 2-1）。G-SIBs 是全球银行业监管机构通过对各大银行系统重要性进行综合评价后的结果，反映了国际社会对这 4 家中资银行国际影响力和国际化成果的认可。2016 年，中资系统重要性银行继续展开国际化探索，全球布局进一步扩张，境外业务进一步拓展，发展成果颇丰。

表 2-1　2016 年中资系统重要性银行级别与附加资本要求

中资系统重要性银行	级别	附加资本要求
中国工商银行	2	1.5%
中国农业银行	1	1.0%
中国银行	1	1.0%
中国建设银行	1	1.0%

资料来源：浙大 CIFI，FSB。

除上述 4 家银行之外，中资银行中的非系统重要性银行也通过设立境外机构、提供贷款支持、丰富金融业务等多种方式加强跨境金融交流，开辟具有自身特色的国际化道路。其中，交通银行的发展水平突出，股份制银行则以我国香港特别行政区为国际化业务的重点开展区域，北京银行、上海银行等城市商业银行也纷纷"走出去"，结合自身发展战略与发展水平进行境外扩张。

2.1 BII 稳步上升，内部发展出现分化

为直观反映中资银行的国际化程度，本报告于 2015 年首次尝试编制中资银行国际化指数（Chinese bank internationalization index，CBII）并逐年完善，最终建立银行国际化指数（BII）。BII 以境外资产积累、境外营业收入、全球国家布局为核心指标构建指数体系，定量评估全球代表性银行的国际化水平。[1] 本章通过对各家中资银行 BII 的测算，对中资银行 2016 年的国际化水平进行深入分析。

2.1.1 国际化水平整体上升，发展势头正猛

本报告采用合并 BII 反映各家银行 BII 值的平均水平。合并 BII 值延伸自"合并报表"中的"合并"概念，其将多家银行作为一家银行来对所有数据进行计算，可以体现这些银行 BII 值的平均水平。求出 4 家中资系统重要性银行（以下简称四大行）及 6 家中资非系统重要性银行[2]的合并 BII 值（见图 2-1）并进行分析，可以总结出如下特点。

首先，BII 值升高，中资银行国际化水平整体上升。2016 年，四大行合并 BII 达到 13.71，相比 2015 年上升了 1.29，且达到 2007 年至 2016 年合并 BII 平均值的 1.5 倍；6 家非系统重要性银行合并 BII 则达到 3.81，相比 2015 年上升了 11.2%。在本报告统计的各家中资银行中，中国银行、中国工商银行、中国建设

---

① BII 指标体系具体内容见附录一，本章各银行数据以集团年报为准。
② 6 家中资非系统重要性银行包括：交通银行、中信银行、浦发银行、招商银行、广发银行、光大银行。这 6 家银行的国际化发展在中资非系统重要性银行中位居前列，具有一定的代表性，且数据可得性较高。

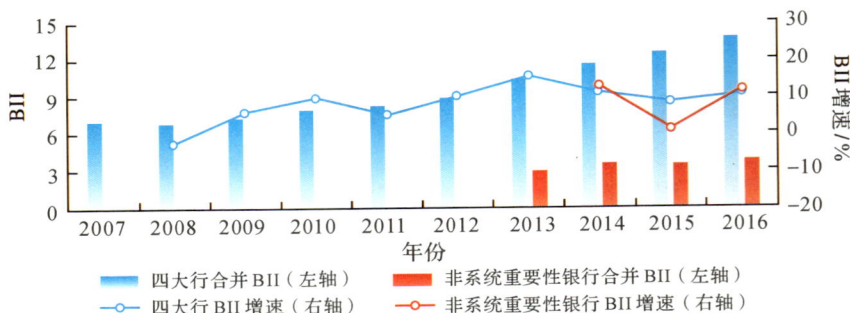

图 2-1　2007—2016 年中资银行 BII 变动

资料来源：浙大 CIFI。

银行、中信银行、浦发银行等 9 家银行的 BII 值均达到了历史最高水平。

其次，BII 增幅升高，中资银行国际化发展势头正猛。2016 年，四大行合并 BII 增幅相较 2015 年有所提高，达到 10.4%；非系统重要性银行则达到 11.2%，远高于 2015 年 0.79% 的增幅。从各家银行的情况来看，四大行的 BII 增幅有升有降，非系统重要性银行则多有提高，反映出其迅猛的发展态势。

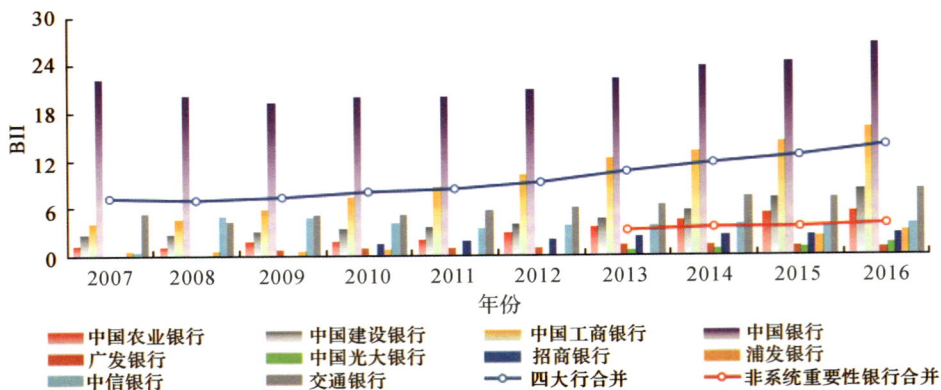

图 2-2　2007—2016 年各中资银行 BII 变动

资料来源：浙大 CIFI。

中资银行国际化的水平持续升高是多重原因造成的。一是国内外环境的变化。近年来,中国步入经济转型的关键时期,利率市场化取得重要进展。在这一背景下,国内银行业面临着不良贷款增加、国内息差收窄的困境,利润空间被压缩。为改变这一状况,不少中资银行走向稳步复苏的世界经济舞台,积极开拓境外业务来弥补损失。二是人民币国际化的推进。2016年,纳入人民币的特别提款权(SDR)新货币篮子正式生效,反映了人民币在国际货币体系中的地位不断上升。同时,中国银行间外汇市场引入境外机构,人民币外汇直接交易业务快速发展。此外,中国债券市场的开放度也不断提高,境外投资者纷纷进入中国债券市场,增持人民币债券。人民币国际化的推进有利于中资银行发挥本币优势,是中资银行国际化的重要推动力量。三是中资银行经营战略的调整。例如,交通银行将国际化作为"两化一行"战略的重要组成部分,中国建设银行则于2006年进行战略调整,同时关注批发与零售业务、利差与非利差盈利,并加速拓展境外业务,向国际化银行转变。

2.1.2 国际化表现各具特色,发展层次参差不齐

2016年,各类中资商业银行国际化发展继续推进,并形成了四大行领先、非系统重要性银行加速发展的多层次国际化态势。作为涉足境外业务的先行者,四大行凭借科学的战略规划、雄厚的资金实力和高素质的人才队伍,积极进行境外拓展;非系统重要性银行中,交通银行的境外发展已颇具成效,而股份制银行的境外机构布局、境外经营水平大都略有逊色,城市商业银行则大多通过设立代表处、签订境外代理行的方式开展境外业务,国际化水平较低。2016年四大行及6家非系统重要性银行的BII排名及变动率情况如表2-2所示。

表 2-2 2015 年、2016 年部分中资银行 BII 及变动率情况

2016 年排名	中资银行	2016 年 BII	2015 年 BII	变动率 (%)
1	中国银行	26.62 ↑	24.23	9.86
2	中国工商银行	15.96 ↑	14.29	11.69
3	中国建设银行	8.25 ↑	7.17	15.06
4	交通银行	8.12 ↑	7.22	12.47
5	中国农业银行	5.37 ↑	5.19	3.47
6	中信银行	3.92 ↑	3.78	3.70
7	浦发银行	2.95 ↑	2.32	27.16
8	招商银行	2.63 ↑	2.44	7.79
9	光大银行	1.43 ↑	0.98	45.92
10	广发银行	1.01 ↓	1.13	−10.62
	四大行合并 BII	13.71 ↑	12.42	10.39
	非系统重要性银行合并 BII	3.81 ↑	3.43	11.08

资料来源：浙大 CIFI。

　　2016 年，四大行的 BII 值均有上升，但各家银行的发展情况略有不同。中国银行连续多年位于 BII 排名首位，BII 达到 26.62，为同期四大行合并水平（13.71）的 1.94 倍，其 BII 增幅也高达 9.86%，发展速度有所上升。中国工商银行的 BII 值则由 14.29 增长至 15.96，成为国际化水平位居第二名的中资银行。相比 2015 年，中国工商银行的 BII 上升了 11.69%，BII 值仍高于四大行平均水平。从具体指标来看，除机构所在国家数占比保持不变以外，其余七项指标①均有提升。其中，中国工商银行的总营业收入虽然出现下降，境外营业收入却保持增长，境外

---

　　① 此处的八项指标指：境外资产占比、境外营业收入占比、境外客户存款占比、境外客户贷款占比、境外利润占比、机构所在国家数占比、境外分支机构占比以及境外雇员占比。

营业收入占比显著上升，这反映了其境外经营成效的提升。特别值得注意的是，中国建设银行排名顺序的变化，2016 年，该行由 2015 年的第四名升至第三名，BII 值达到 8.25，实现了 15.06% 的高增长速度，且八项指标均有上涨。中国农业银行的国际化水平则暂时落后，2016 年其 BII 值虽有上升，但其境外资产占比指标出现下降，BII 增速不如往年。四大行国际化水平的提升是其通过多种途径进行境外拓展的结果。以中国建设银行为例，2016 年，中国建设银行与新西兰银行集团有限公司签署全面业务合作备忘录，双方进一步在债券承销、贵金属业务、外汇交易、衍生品交易、本外币清算、个人业务及私人银行财富管理业务等方面展开合作，这进一步拓展了中国建设银行境外业务的深度和广度。不仅如此，中国建设银行还一直致力于完善全球机构布局，增强跨境金融服务能力，在发展传统存贷款业务的同时提供各类财富管理服务，着力推进综合化进程。

非系统重要性银行的国际化水平普遍低于四大行。首先，多数非系统重要性银行的 BII 排名位于四大行之后，层级化特征明显。6 家非系统重要性银行中，仅交通银行的 BII 排名与四大行出现交叉，且排名相比 2015 年出现下滑，位列第四名。中信银行的 BII 值达到 3.92，位居非系统重要性银行前列。但与四大行相比，中信银行的 BII 值不足其合并数值的三分之一，差距仍然较大。而排在最末位的广发银行的 BII 值为 1.01，不及中国银行的二十分之一。其次，非系统重要性银行的 BII 值波动明显。从历年情况来看，浦发银行、中信银行和广发银行各年的 BII 值都有增有减，且增幅变动较大，这可能是因为大多数非系统重要性银行处于国际化的初级阶段，总体规模较小，经营能力有限，发展缺乏稳健性。最后，各家非系统重要性银行的发展情况不同。交通银行、中信银行的国际化水平遥遥领先，且 BII 分别增长了 12.47% 与 3.70%，增幅均由负转正。招商银行也处于稳步发展中，BII 值达到 2.63，相比 2015 增加 7.79%。浦发银行和光大银行的 BII 值则实现了 27.16% 和 45.92% 的飞速增长，排名顺序提前。在各大指标中，浦发银行的境外营业收入占比、境外利润占比、境外雇员占比等均有增加，而光大银行的境外分支机构占比、境外客户贷款占比、境外雇员占比大幅提高，发展成果喜人。不同于其他 5 家非系统重要性银行，广发银行的境外利润占比、境外客户贷款占比出现了较大幅度的下降，BII 值降低了 10.62%，延续了前两年的下滑态势。

在未参与国际化指数评分的银行中，截至 2016 年，渤海银行、华夏银行、中国民生银行、兴业银行各有境外机构一家，恒丰银行、平安银行、浙商银行还未曾建立境外分支机构。在国际业务上，中国民生银行香港分行全力打造公司业务、金融市场、私人银行、财富管理业务四大板块；兴业银行申请设立兴银国际金融控股公司，推动集团国际化业务的统筹运营管理；浦发银行则继续建设国际业务平台，聚焦核心客户经营，加快业务结构优化。

2.1.3　国际化指标存在差异，发展速度不一

本报告选取了八项代表银行经营特性的指标进行综合评估，2016 年中资银行 BII 各指标的具体表现如图 2-3 所示。

首先，各类国际化指标存在差异。总体而言，四大行与 6 家非系统重要性银行在境外资产占比、境外客户存款占比及贷款占比上的表现较好，反映了中资银行在境外资金量、业务量上的优势。此外，两类商业银行的境外布局虽覆盖多个国家和地区，但业务开展仅通过少量分支机构、少量雇员进行，这导致其机构所在国家数占比较高而境外分支机构占比、境外雇员占比较低，二者形成明显反差。

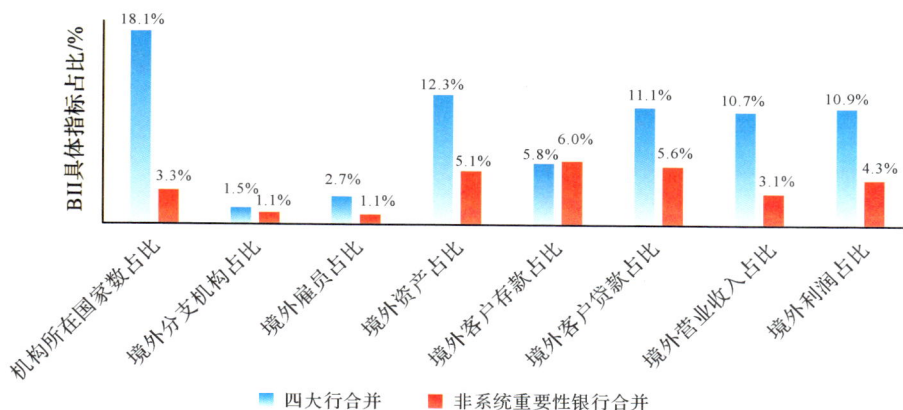

图 2-3　2016 年部分中资银行 BII 具体指标表现 [1]

资料来源：浙大 CIFI，各行 2016 年年报。

　　其次，各类国际化指标发展速度不一（见表 2-3）。四大行方面，八项指标中的大部分指标仍然保持正增长。具体而言，2016 年，四大行的境外客户存款占比、境外客户贷款占比增幅大于 2015 年，反映了其对境外传统存贷款业务的重视。而四大行的境外分支机构占比、境外雇员占比则出现了下降，机构所在国家数占比的上升幅度也有所降低，反映了其对境外布局的拓展不及 2015 年。非系统重要性银行的八项指标则都出现了上升，如机构所在国家数占比、境外雇员占比都有所提高，且多数指标的上升幅度也有所增加，发展速度较快。值得注意的是,非系统重要性银行的境外营业收入占比、境外利润占比从2015年0.4%、0.5%的水平上升至 2016 年的 3.1%、4.3%，说明其仍在提高境外经营效率，且经营水平的提升力度不断增强。

──────────

　　① 图中数据均反映了各指标境外占比情况。

表 2-3　2015 年、2016 年部分中资银行 BII 具体指标变动情况（%）

指标名称	四大行合并		非系统重要性银行合并	
	2016 年	2015 年	2016 年	2015 年
机构所在国家数占比	1.17 ↓	1.55	0.35 ↑	0.26
境外分支机构占比	−0.09 ↓	0.12	0.00 ↑	−0.15
境外雇员占比	−0.06 ↓	0.25	0.12 ↑	0.06
境外资产占比	0.30 ↓	0.32	0.38 ↑	−0.10
境外客户存款占比	0.13 ↑	−0.15	1.39 ↑	0.67
境外客户贷款占比	0.94 ↑	0.02	0.43 ↓	0.52
境外营业收入占比	2.41 ↑	0.84	0.42 ↑	−0.07
境外利润占比	3.12 ↑	0.35	0.54 ↑	−0.09

资料来源：浙大 CIFI，各行 2015 年、2016 年年报。

2.2　境外资产逐步积累，资产结构发生变化

资产是决定企业未来现金流的重要资源，境外资产的变化则反映了银行国际化步伐的缓急。相比 2015 年，中资银行的境外资产总量有新突破，资产结构也出现新变化。

2.2.1　境外资产已具规模，占比增幅均有上升

根据 2016 年境外资产总量、境外资产占比、境外资产增速对部分中资银行进行排名，结果如表 2-4 所示。

从境外资产总量上看，四大行的资产总量接近 10 万亿元，中国银行、中国工商银行排名领先。中国银行的境外资产总量为 50690.47 亿元，比四大行平均

表 2-4　2016 年部分中资银行境外资产总量、占比和增速排名

排名	境外资产总量（亿元）		境外资产占比（%）		境外资产增速（%）	
1	中国银行	50690.47	中国银行	27.93	光大银行	79.45
2	中国工商银行	24505.63	中国工商银行	12.98	中国建设银行	44.69
3	中国建设银行	16633.06	交通银行	10.13	交通银行	28.86
4	交通银行	8499.99	中国建设银行	6.67	中国工商银行	27.72
5	中国农业银行	8074.02	中信银行	4.80	招商银行	24.65
6	中信银行	2843.23	中国农业银行	4.14	中信银行	17.78
7	浦发银行	2158.67	浦发银行	3.69	浦发银行	12.84
8	招商银行	1772.71	招商银行	2.98	中国银行	4.93
9	光大银行	817.62	光大银行	2.06	中国农业银行	3.21
10	广发银行	205.16	广发银行	1.00	广发银行	−1.00

资料来源：浙大 CIFI，各行 2016 年年报。

水平的两倍还要多，占据了四大行总量的半壁江山。中国农业银行境外资产规模较小，不足四大行平均水平的三分之一。非系统重要性银行中，除交通银行外，其他各行的境外资产总量均低于四大行。其中，中信银行的规模较大，为 2843.23 亿元；而广发银行仅为 205.16 亿元，境外资产积累有待提高。

从境外资产占比上看，中国银行连续 10 年居于首位，平均值达 25.4%；2016 年其境外资产占比为 27.93%，超过四大行合并水平的两倍。其次是中国工商银行和中国建设银行，两者的境外资产占比均超过 5%。非系统重要性银行中，交通银行、中信银行的表现依然领先，排名位于中国农业银行之前。而位列第九名和第十名的光大银行、广发银行的取值较低，资产仍以国内部分为主。

从境外资产增速上看，2016 年，光大银行实现了 79.45% 的飞速发展，交通银行、中国工商银行与招商银行的增速也处于高位，显著高于平均水平的 23.4%。此外，从合并数据来看，四大行与 6 家非系统重要性银行的境外资产增速高于资产总量增速，这在一定程度上体现了中资银行对其境外发展的重视。

2.2.2　资产结构日益优化，资产质量总体稳定

随着中资银行境外资产规模的扩大，其内部不同类型资产的比重也有增减，资产结构不断发生改变。首先，系统重要性中资银行非贷款类资产过半（见图 2-4）。2016 年，四大行的境外总贷款规模占境外总资产的 45.8%，非贷款类资产占比过半。具体来看，中国工商银行的非贷款类资产占比最高，达到 57.6%；中国银行紧随其后，占比为 57.5%。相比 2015 年，中国工商银行、中国农业银行、中国建设银行的非贷款类资产占比均有上升，资产结构略有变动。与四大行不同，多数非系统重要性银行的主要境外业务仍然是满足中资企业境外发展的融资需求，因此大部分非系统重要性银行的境外资产仍以贷款为主，占比超过了 50%。作为银行利润的主要来源，贷款具有流动性差、违约率高等特点。中资银行在境外配置非贷款类资产，既是其境外业务重点发生转移的标志，也是其改变投资组合、分散投资风险的表现。近年来，各大中资银行纷纷投资于境外非贷款类资产，投资类型日趋多样。例如，2015 年，中银集团投资有限公司签署协议，购入位于曼哈顿的一幢名为"布莱恩特公园 7 号"的 28 层玻璃幕墙写字楼；2016 年，工银标准银行公众有限公司正式与巴克莱银行签署协议，收购其位于伦敦的贵金属仓库及相关的全部贵金属仓储业务线。

其次，不良资产的比重发生了改变。以四大行的不良贷款为例（见表 2-5），2016 年四大行的境外不良贷款总量都有所增加，各行平均余额为 49.72 亿元。从

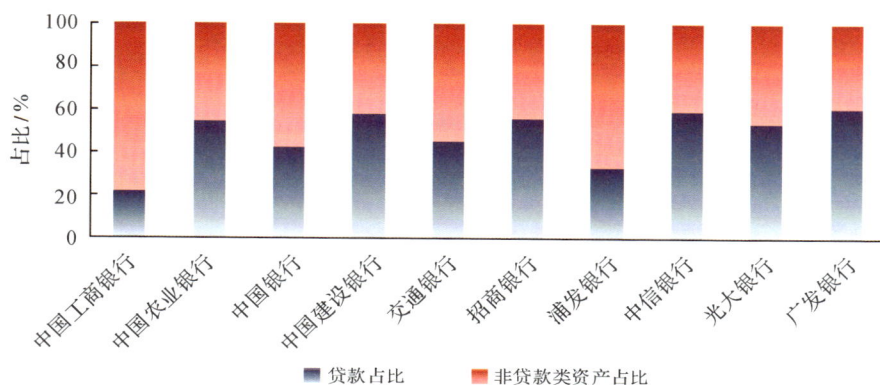

图 2-4 2016 年中资银行贷款及非贷款类资产占比

资料来源：浙大 CIFI，各行 2016 年年报。

占比来看,各行的境外不良贷款率均在 1% 以下,贷款质量较好。但与 2015 年相比,中国工商银行、中国银行、中国农业银行的境外不良贷款率都有所上升, 贷款质量下降。除贷款外, 房地产、证券等其他类型的境外资产也易受到市场风险、流动性风险和信用风险的影响而产生损失, 甚至转变为不良资产。为防范风险, 避免资产减值, 各中资银行愈加重视风险机制的建立。例如, 中国银行积极开发环球大企业评级模型, 建立全球额度管控系统；中国工商银行按金融资产服务的不同业务性质和风险管理要求实行准入管理, 并将业务授权纳入全行统一授权管理范畴, 建立风险限额管理体系。

表 2-5 2014—2016 年四大行境外不良贷款情况

银行名称	指标	2014 年	2015 年	2016 年
中国工商银行	境外不良贷款（百万元）	3854	5920	7939
	境外贷款（百万元）	929336	1048579	1327321
	境外不良贷款率（%）	0.41	0.56	0.60

续表

银行名称	指标	2014 年	2015 年	2016 年
中国银行	境外不良贷款（百万元）	3437	3262	4545
	境外贷款（百万元）	1877502	1936766	2154863
	境外不良贷款率（%）	0.18	0.17	0.21
中国建设银行	境外不良贷款（百万元）	5840	2577	3347
	境外贷款（百万元）	563955	685240	963971
	境外不良贷款率（%）	1.04	0.38	0.35
中国农业银行	境外不良贷款（百万元）	848	3530	4086
	境外贷款（百万元）	396669	446632	440562
	境外不良贷款率（%）	0.21	0.79	0.93

资料来源：浙大 CIFI，各行 2014—2016 年历年年报。

2.3　经营能力不断提升，境外业务渐趋多元

营业收入与利润是企业实际经营效果的体现，其变动反映了中资银行境外经营能力的强弱。相比 2015 年，2016 年中资银行的经营水平进一步提高，业务类型愈加丰富。

2.3.1　境外经营收获颇丰，营收利润有所增长

从营业收入来看，2016 年四大行境外营业收入总规模达 2428.62 亿元，占其总营业收入的 10.7%，同比增长 26.7%（见图 2-5）。其中，中国银行的表现依然强劲，境外营业收入占四大行营收总和的 49.8%。中国建设银行的境外营收占比虽然较低，但从增速来看，其 2015 年、2016 年的境外营业收入增幅分别达

36.1%、10.7%，追赶效果明显。

从利润来看，截至 2016 年年底，四大行的境外利润突破了 1200 亿元，占其境内外利润总额的 10.9%。不仅如此，四大行的境外利润同比增长了 27.9%，远高于 2015 年 7.4% 的增速，发展速度可观。其中，中国银行的境外利润占其境外营业收入的 67.3%，中国工商银行、中国建设银行的这一占比也超过了 30%，境外经营效率进一步提高。

图 2-5　2007—2016 年四大行境外经营情况

资料来源：浙大 CIFI，各行 2007—2016 年历年年报。

非系统重要性银行的境外营业收入、境外利润也处于稳步发展中。在境外营业收入上，2016 年，非系统重要性银行的总体表现逊于四大行，但占比均达到了 3.1%，同比增长 20.3%。其中，交通银行、中信银行境外营业收入占比最高，分别为 5.4% 和 3.9%；浦发银行、光大银行境外营业收入增速最快，分别达到 60.0% 和 50.8%。在境外利润上，各行有增有减。具体而言，招商银行、广发银行的境外利润出现了下滑，但浦发银行、光大银行分别实现了 70.0% 和 31.5% 的增长。总体来看，6 家非系统重要性银行的境外盈利占比为 4.3%，同比增长 13.2%。

2.3.2　传统业务继续发展，境外业务更加丰富

一般而言，银行的国际化进程以传统存贷款业务为开端，并注重跨国企业的境外发展，助力本国企业的国际化。随着服务能力的增强，各银行的相关业务日渐完善，其境外经营类型也向多样化发展。

传统业务方面，四大行的存贷款余额连续 10 年上升。2016 年，四大行境外存款余额为 34845.65 亿元，境外贷款余额为 48867.17 亿元，存贷比为 140.2%。与 2015 年相比，境外存款余额上升 11.8%，境外贷款余额上升 18.7%（见图 2-6）。整体来看，中资银行的境外传统业务稳步发展，在支持国家对外贸易、对外交流及侨汇工作上发挥着积极作用。同时，境外贷款增长快于境外存款增长，说明中资企业的境外融资需求在大幅增加，中资银行对其国际化的支撑作用也日益凸显。

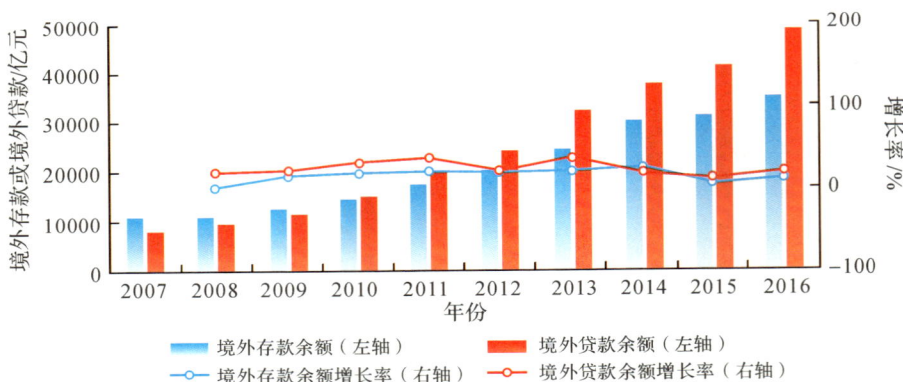

图 2-6　2007—2016 年四大行境外存贷款余额情况

资料来源：浙大 CIFI，各行 2007—2016 年历年年报。

除存贷款业务外，四大行在其他业务的发展上也表现不俗。一是境外零售业务得到加强。随着中资银行境外客户的沉淀，其境外发展重点向零售业务倾斜。

例如，中国银行完善了境外借记卡系统建设布局，发展银联双币借记卡、VISA（维萨）和万事达单币借记卡，2016 年年末中国银行已发行借记卡产品的境外机构覆盖 17 个国家和地区。中国工商银行在美国纽约成功发行了首张银联品牌信用卡，这不仅是中资商业银行首次在美国自主发行信用卡，也是在美国市场上首次推出的银联品牌信用卡。二是结算、清算业务保持增长。2016 年中国工商银行的国际结算量达到 2.5 万亿元，其中境外机构办理 8973 亿元。中国工商银行（莫斯科）股份公司（简称"工银莫斯科"）成为中国人民银行授权的境外人民币业务清算行。中国工商银行的 24 小时人民币清算网络进一步完善，服务范围进一步拓展。中国建设银行伦敦分行的人民币清算量则累计突破 12 万亿元，英国成为亚洲之外最大的人民币清算中心。三是对综合化经营愈加重视。2016 年，中国银行承销离岸人民币和境外债券稳居同业第一，其中包括 12 支绿色债券，承销金额约 156 亿元。中国农业银行子公司农银国际在香港从事上市保荐承销、债券发行承销、财务顾问、资产管理、直接投资、机构销售等全方位的、一体化的金融服务，多年来积极参与直接投资项目，帮助企业进行股权融资。作为中国建设银行的香港子公司，建银国际的各项业务也持续健康发展，其证券保荐承销项目、并购财务顾问项目的同业排名位居前列，并积极打造大宗商品业务的全球交易平台，成为伦敦金属交易所全球九家圈内会员之一。此外，非系统重要性银行也正积极推动境外业务的升级与多元化。例如，交通银行的国际结算量达到 41028.93 亿元人民币，为客户提供了优质的汇率风险管理服务。中信银行则为留学、商务、移民和外籍人士提供一站式出国服务，出国金融业累计服务客户 140 万人次，带动新增零售客户 12.5 万户，新增零售管理资产 376 亿元。以北京银行为代表的城市商业银行也通过设立代表处、代理行等方式开始涉足境外业务。

截至 2016 年，北京银行共设立了 1158 家有效代理行，覆盖全球 102 个国家和地区；国际业务表内资产稳定增长，年末规模达到 2158 亿元；国际类中间业务收入 16.71 亿元人民币，同比增长 30%；公司存款余额 427.4 亿元人民币，实现结算规模 753 亿美元。

中资银行发展多样化境外业务、打造多元国际业务平台是多种因素作用下的结果。首先，众多发达国家和地区的利率市场化程度较高，若过分依赖利息收入，中资银行境外利润的增长空间将十分有限，因此中资银行迫切需要开展不同业务以获得新收入来源。其次，在人民币国际化尚未实现之前，境外机构或个人对人民币资金融通的需求只能通过少数中资银行得到满足，这成为中资银行境外获利的一大来源，但随着人民币国际化进程的推进，此类收入将无法延续，中资银行必须开辟新的利润增长点。最后，随着境外业务的加速拓展，各大中资银行不再满足于单一的存贷款业务，希望服务于当地客户，在境外"扎根发芽"。相比传统业务，综合经营可以以全方位的金融服务满足客户的多层次需求，并且通过规模经济、范围经济降低成本，其已成为中资银行境外业务发展的一大重点。

2.4 分支机构分布广泛，全球布局颇具特点

境外分支机构的设立是中资银行走向世界的重要途径。通过这些分行、子行、代表处等的经营，中资银行承接境外金融业务，获取境外利润，提高了国际知名度，扩大了品牌影响力。截至 2016 年，四大行的境外网点已覆盖亚洲、欧洲、北美洲、拉丁美洲、大洋洲、非洲等各大洲的主要国家，全球网络雏形业已形成。

四大行中，中国银行和中国工商银行的全球布局最为广泛，境外分支机构总

和接近行业总量的 90%。其中，中国银行的境外机构总数高达 578 家，占四大行总数的 55.7%，且机构分布在各大洲的 52 个国家中，2016 年相比 2015 年，新增了文莱、塞尔维亚、秘鲁等 5 国。中国工商银行的境外机构总数也达到 412 家，布局国家 43 个，全球网络较为完善。中国建设银行则在 30 个国家建立了分支机构，境外网点数不断增加（见表 2-6）。

　　总体而言，四大行的全球分布依然以"先近后远，先发达后发展"为序，境外布局特点鲜明。一是偏重亚洲地区。作为周边地区，亚洲自然成为中资银行对外扩张的第一选择。近年来，随着亚洲新兴市场的迅速发展，中资银行进一步加大了对该地区的拓展力度。截至 2016 年，四大行境外分行的布局中亚洲占比达 45.7%，接近二分之一。其中，中国银行私人银行（新加坡）开业，中资银行进一步扎根新加坡；中国建设银行（马来西亚）有限公司也获得商业银行牌照，在亚洲的拓展又添一国。二是重视"一带一路"沿线国家和地区。中国银行（香港）有限公司于 2016 年获批准成立文莱分行。作为"一带一路"沿线国家，文莱具有政治稳定、地理优越及基础设施完善等优势，中国银行文莱分行的开业是推进"一带一路"金融大动脉建设的一大举措。三是逐步拓展发达国家业务。一方面，发达国家对金融服务的需求较大，发展空间广阔；另一方面，发达国家先进的银行业经营理念也是中资银行学习的对象。作为发达国家的密集地，中资银行境外分布中欧洲的占比更是高达 28.5%，仅次于亚洲。2016 年，中国工商银行澳大利亚布里斯班分行、荷兰鹿特丹分行、比利时安特卫普分行成立，对发达国家的机构布局增强。四是加强对非洲、拉丁美洲的关注。如中国银行在秘鲁、坦桑尼亚设立了代表处，中国工商银行在墨西哥成立了首家中资银行。

表 2-6　2015 年、2016 年四大行境外分支机构情况 [①]

地区	中国银行		中国工商银行		中国建设银行		中国农业银行		合计		占比（%）	
	2015年	2016年	2015年	2016年	2015年	2016年	2015年	2016年	2015年	2016年	2015年	2016年
亚洲	51	54	23	23	12	13	9	10	95	100	43.8	45.7 ↑
欧洲	31	33	14	8	10	12	5	5	60	58	27.7	26.5 ↓
北美洲	19	18	5	5	2	2	2	2	28	27	12.9	12.3 ↓
大洋洲	11	10	2	2	4	4	1	1	18	17	8.3	7.8 ↓
拉丁美洲	2	2	3	3	1	2	0	0	6	7	2.8	3.2 ↑
非洲	6	7	2	1	2	2	0	0	10	10	4.6	4.6
合计	120	124	49	42	31	35	17	18	217	219		
占比(%)	55.3	56.6 ↑	22.6	19.2 ↓	14.3	16.0 ↑	7.8	8.2 ↑				

资料来源：浙大 CIFI，各行官网及其 2015 年、2016 年年报。

　　大多数非系统重要性银行也已在我国香港特别行政区、澳门特别行政区、台湾及其他部分亚洲地区建立起国际业务平台，其中交通银行的境外布局最为广泛。截至 2016 年，交通银行在 17 个国家设立了 65 家境外营业网点，业务遍布各大洲。招商银行则在新加坡、美国等 7 国设有 8 家分行及代表处。中信银行也在我国香港特别行政区和澳门特别行政区及美国等 6 个国家和地区设立了 40 家分支机构。

　　除商业银行外，开发性银行 [②] 也不断丰富成员国地域构成、拓展投资地区覆盖面，并以境外网络为基点，凭借其扶助性质和政策优势，通过助力企业境外发

---

　　① 　表中数据为各行境外分行、子行、子公司及代表处。
　　② 　开发性金融机构的概念详见《2015 中资银行国际化报告》。

展、支持大型基础建设项目、搭建国际合作平台等多种途径"走出去",国际化步伐日益加快。

专栏 中资开发性银行①的国际化现状

本报告提出开发性金融机构的概念,并对带有国家政策性质的开发性银行进行国际化分析,其中,中国国家开发银行和中国进出口银行的国际化表现最为突出。

中国国家开发银行是活跃在世界舞台上的中国开发性金融机构主力,其通过开展长期信贷与投资等金融业务,为国民经济重大中长期发展战略提供支撑。截至2016年,中国国家开发银行在香港特区设有分行,并在埃及、俄罗斯、巴西、委内瑞拉、英国、老挝等六个境外国家设有代表处。2016年,中国国家开发银行国际业务贷款余额3285亿美元,其中表内贷款余额2779亿美元,继续保持中国最大的对外投融资合作银行地位。一方面,中国国家开发银行把"一带一路"沿线重要支点国和国际产能合作重点国作为主要支持对象,如实现对埃及金融机构14.25亿美元贷款发放,有力提升了国际影响力。同年9月8日,我国首个海外基础设施开发平台——中国海外基础设施开发投资有限公司正式成立,其旨在加强中非在基础设施方面的互利合作,并从非洲地区起步,逐步覆盖"一带一路"沿线国家和地区。另一方面,中国国家开发银行进一步丰富外汇筹资工具,拓展外

---

① 本报告所指的中资开发性银行主要包括3家政策性银行(中国进出口银行、中国农业发展银行、中国国家开发银行),由于中国农业发展银行几乎不涉及国际业务,因此不在本报告分析范围内。

汇筹资渠道，成功完成首笔境外英镑银团借款融资，在境外市场成功募集10亿英镑3年期银团借款，以支持该行在英国开展融资项目。

中国进出口银行则致力于打造企业的国际竞争新优势，通过对外贷款支撑中国企业国际化，深化各类国际项目合作。截至2016年，中国进出口银行在香港特区、圣彼得堡等多地设立了代表处。2016年，中国进出口银行的对外贸易贷款、对外合作贷款、对外投资贷款、境内对外开放支持贷款余额均超过6000亿元人民币，增幅均超过10%，有效促进了跨境经贸合作。同时，中国进出口银行继续深化与多边金融机构和国际组织的协调与合作，积极促进区域共同发展，如与韩国输出入银行、蒙古国国家开发银行、俄罗斯外经银行共同签署《东北亚进出口银行/开发银行联盟框架协议补充协议》，与非洲进出口银行签署《谅解备忘录》，为非洲进出口银行在亚洲银行间市场的首个银团融资项目开立2.5亿美元流动资金保函，并提供了1亿美元贷款。

2.5 境外雇员数量增长，人才建设持续深化

在中资银行的境外发展中，提高员工素质既是其促进自身发展的必然选择，也是其适应同业竞争的必然要求。只有充分发挥人才优势、加强人才队伍建设，中资银行才能真正打造"国际一流"的品牌形象。

自2007年以来，四大行的境外雇员数量呈现曲折上升态势（见图2-7）。2016年，四大行在境外共有雇员44372人，相比2007年增长了79.5%。其中，中国工商银行和中国银行的境外员工数量超过20000人，高于平均水平；中国建设银行和中国农业银行的增幅最大，员工数量增长迅速。

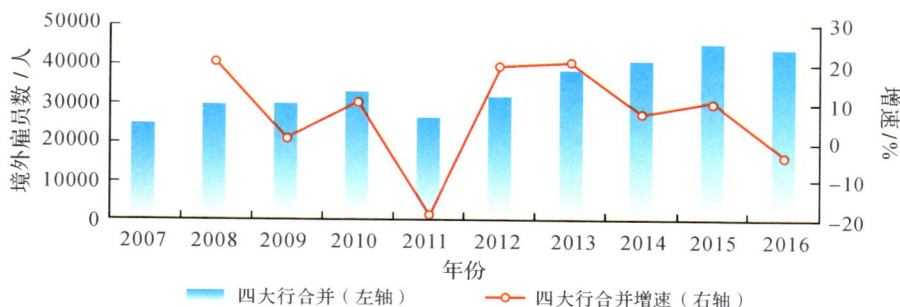

图 2-7 2007—2016 年四大行境外雇员情况

数据来源：浙大 CIFI，各行 2007—2016 年历年年报。

基于深厚的企业文化、雄厚的资金实力，四大行对高学历人才而言是广阔的成长平台，对高端金融人才的吸引力十分巨大，四大行员工的整体学历也处于不断上升之中。各家银行虽然没有专门列示境外雇员的学历情况，但从表 2-7 可知，四大行大学本科及以上学历的员工占比均超过 40%，中国银行的这一占比则高达71.58%，中国建设银行与中国工商银行的同一占比也保持高速增长。

表 2-7 2016 年四大行人才结构情况

排名	中资银行	大学本科及以上学历占比（%）	同比增长率（%）
1	中国银行	71.58 ↑	2.42
2	中国建设银行	64.47 ↑	2.84
3	中国工商银行	55.50 ↑	3.54
4	中国农业银行	44.90 ↓	−4.87

数据来源：浙大 CIFI，各行 2016 年年报。

中资银行还以人才培养的方式进一步提高员工素质。开展有针对性的员工培训活动，既能帮助员工不断学习知识、提高业务水平，又能传达企业文化、增强国际竞争力，对银行自身的发展意义重大。2016年，各大行积极着眼未来，针对国际化业务、新型业务开展多期培训，注重提高员工的金融专业素养。

除四大行外，非系统重要性银行的境外雇员数量和素质也处于不断增加和提升之中。截至2016年，6家非系统重要性银行的境外雇员数量约为3909人，同比增长14.2%。不仅如此，6家非系统重要性银行大学本科及以上学历的员工占比均超过70%，且学历都有所上升，反映出其更为普及的高学历水平。此外，不少非系统重要性银行也开始进行国际化人才的培养活动，各类培训工作各有特色，渐成品牌。以交通银行为例，交通银行一直致力于加大境外机构人才培养与储备力度，提出要用五年时间建立一支门类齐全、机构合理、素质优良的国际化储备人才队伍，2015—2016年也已完成110余名国际化人才的选拔和培养。

可见，在国际化进程中，中资银行从多个方面提升其水平和能力，境外发展不断深化。无论是从境外机构国家数、境外资产总量还是境外业务情况的视角进行考察，均能看出中资银行境外实践的积极性。在上述中资银行接受外来竞争、学习借鉴外来经验的共同努力下，中国银行业"走出去"的进程不断推进，境外拓展的步伐日益稳健。

百舸争流——

驰骋国际市场的中外资银行

第三章　Chapter 3

East or West, Home is Best? —

Are Banks Becoming More Global or Local?

全球系统重要性银行国际化仍居高位

3.1　BII 差异明显，中资银行增速领先

3.2　境外资产规模趋稳，中资银行积极追赶

3.3　境外经营成果巩固，中资银行有望赶超

3.4　境外机构布局全球，扩张与收缩并存

全球系统重要性银行（G-SIBs）是 2008 年国际金融危机后提出的新概念，体现了危机后全球金融监管的新趋势。G-SIBs 是指在金融市场中承担了关键功能的银行，依据银行在全球活跃程度、银行规模、与其他银行关联度、在某类业务或市场中的可替代性及复杂性等多方面标准评定，同时辅以适当的监管调整，最终确定划分成多个层级，每一个层级都对应着更高的亏损吸收能力的要求，更高的资本缓冲、总吸收损失能力和更高的监管预期。这些银行一旦发生重大风险事件或经营失败，将会对全球经济和金融体系带来较大影响甚至是系统性风险，因而它们在全球金融市场具有非常重要的地位。

本章将国际清算银行（BIS）旗下金融稳定委员会（FSB）发布的 2016 年共计 30 家"全球系统重要性银行"（见表 3-1）作为研究对象，选取其中数据资料相对完整的 24 家银行进行 BII 测算和分析，以期了解当前全球最具代表性银行的国际化发展现状及趋势。同时，本章将从多维度对全球系统重要性银行中的中外资银行国际化发展情况进行对比分析，为中资银行的国际化发展提供有益参考，以利于其更好地制定下一步国际化发展战略。

表 3-1　全球系统重要性银行级别（附加资本要求）和所在国别

级别 （附加资本要求）	全球系统重要性银行 （G-SIBs）	国别 （Country）
5（3.5%）	暂无（Empty）	
4（2.5%）	花旗集团（Citigroup）	美国
	摩根大通（JP Morgan Chase）	美国
3（2.0%）	美国银行（Bank of America）	美国
	法国巴黎银行（BNP Paribas）	法国
	德意志银行（Deutsche Bank）	德国
	汇丰银行（HSBC）	英国

续表

级别 （附加资本要求）	全球系统重要性银行 （G-SIBs）	国别 （Country）
2（1.5%）	巴克莱银行（Barclays）	英国
	瑞士瑞信银行（Credit Suisse）	瑞士
	高盛集团（Goldman Sachs）	美国
	中国工商银行（Industrial and Commercial Bank of China, ICBC）	中国
	三菱东京日联银行（Bank of Tokyo-Mitsubishi UFJ）	日本
	美国富国银行（Wells Fargo）	美国
1（1.0%）	中国农业银行（Agricultural Bank of China, ABC）	中国
	中国银行（Bank of China）	中国
	纽约梅隆银行（Bank of New York Mellon）	美国
	中国建设银行（China Construction Bank）	中国
	法国BPCE银行集团（Groupe BPCE）	法国
	法国农业信贷银行（Groupe Crédit Agricole）	法国
	荷兰国际集团（ING Bank）	荷兰
	日本瑞穗金融集团（Mizuho FG）	日本
	摩根士丹利（Morgan Stanley）	美国
	瑞典北欧联合银行（Nordea）	瑞典
	苏格兰皇家银行（Royal Bank of Scotland）	英国
	西班牙国际银行（Santander）	西班牙
	法国兴业银行（Société Générale）	法国
	渣打银行（Standard Chartered）	英国
	美国道富银行（State Street）	美国
	三井住友金融集团（Sumitomo Mitsui FG）	日本
	瑞银集团（UBS）	瑞士
	联合信贷集团（Unicredit Group）	意大利

资料来源：浙大 CIFI, FSB。

2016 年最新公布的 30 家全球系统重要性银行与 2015 年相同，但其中有 7 家银行的评级被调整：3 家银行级别下调——汇丰银行从第 4 级别降到了第 3 级别，巴克莱银行从第 3 级别降到了第 2 级别，摩根士丹利从第 2 级别降到了第 1 级别；4 家银行级别上调——花旗银行超过汇丰银行由第 3 级别上升至第 4 级别，与摩根大通并列全球最具系统重要性的银行，美国银行从第 2 级别上升至第 3 级别，中国工商银行和美国富国银行也从第 1 级别上升至第 2 级别。

与此同时，2016 年排名前六位的全球系统重要性银行中，欧洲银行业与美国银行业占比平分，而 2015 年欧洲银行业则占据四席。其中，美国银行跻身前六位，巴克莱银行则跌出前六位。这在一定程度上反映出自 2015 年下半年以来，欧洲银行业由于面临着日益严格的监管规定，裁员风波和业务收缩不断，有逐渐被美国银行业赶超的趋势。

3.1 BII 差异明显，中资银行增速领先

为全面了解全球系统重要性银行的国际化水平，本节对金融稳定委员会公布的 2016 年全球系统重要性银行中数据资料相对完整的多家银行进行了指数测算，以 BII 对其国际化水平进行展示。[①]

3.1.1 BII 总体居高，银行间差距显著

表 3-2 为 24 家全球系统重要性银行 2015—2016 年的 BII 及排名情况，基本展现出在全球具有较大影响力的各家银行的国际化水平。

---

① 三菱日联与日本瑞穗银行的财务年度为上年 4 月至本年 3 月。

表 3-2　2015 年、2016 年部分全球系统重要性银行 BII 情况 [①]

2016 年 BII 排名	全球系统重要性银行	2016 年 BII	2015 年 BII	变动率（%）
1	渣打银行	67.46 ↑	67.08	0.6
2	西班牙国际	56.36 ↑	55.78	1.0
3	汇丰银行	55.37 ↑	51.97	6.5
4	瑞银集团	54.71 ↑	54.63	0.1
5	德意志银行	54.47 ↓	57.53	−5.3
6	北欧联合	52.16 ↑	51.64	1.0
7	花旗集团	51.77 ↑	51.68	0.1
8	瑞士瑞信	51.38 ↓	54.34	−5.4
9	荷兰国际	49.97 ↓	55.83	−10.5
10	法国兴业	42.93 ↓	43.48	−1.3
11	巴黎银行	40.18 ↓	42.35	−5.1
12	联合信贷	39.92 ↓	41.04	−2.7
13	三菱日联	36.69 ↑	35.97	2.0
14	高盛集团	31.59 ↓	32.38	−2.4
15	法国农业信贷	31.07 ↓	31.17	−0.3
16	日本瑞穗	27.79 ↑	26.36	5.4
17	中国银行	26.62 ↑	24.23	9.9
18	摩根大通	25.95 ↑	25.88	0.3
19	法国 BPCE	20.39 ↑	20.17	1.1
20	中国工行	15.96 ↑	14.29	11.7

---

①　三菱日联与日本瑞穗银行的财务年度为上年 4 月至本年 3 月。

续表

2016 年 BII 排名	全球系统重要性银行	2016 年 BII	2015 年 BII	变动率（%）
21	美国银行	15.08 ↑	15.02	0.4
22	苏格兰皇家银行	8.51 ↓	16.64	−48.9
23	中国建行	8.25 ↑	7.17	15.1
24	中国农行	5.37 ↑	5.19	3.5
	24 家银行平均	36.25 ↓	36.74	−1.3

资料来源：浙大 CIFI。

整体而言，绝大多数全球系统重要性银行的国际化水平较高，其中排名前 8 位的系统重要性银行的 BII 值均在 50 以上。在排名前 11 位的银行中便有 10 家地处欧洲，这一定程度上源于欧洲较为悠久的金融发展历史、活跃的金融氛围与紧密相连的欧盟体系，欧洲银行业相对而言具有更为优越的条件和背景。

从具体银行来看，渣打银行仍位居第一宝座，其 67.46 的 BII 得分较排名第二位的西班牙国际银行（2016 年 BII 得分 56.36）优势明显，瑞银集团以 54.71 的得分名列第四，这三家银行的 BII 在 2016 年均有少量涨幅，分别为 0.6%、1.0% 和 0.1%。此外，中国建设银行排名虽居第 23 位，但其同比增幅却位居第一，达到 15.1%。截至 2016 年年末，该行在 29 个境外国家和地区设有机构，拥有境外各级机构 251 家。中国近年来全面推进落实"一带一路"建设和"走出去"等国家战略，与"一带一路"沿线国家和地区之间多层次、高密度的互联互通和经贸往来，为中国建设银行提供了向国际市场转型的舞台和发展的重要机遇。与此相反，位列第 22 名的苏格兰皇家银行则以 48.9% 的 BII 降幅位居同比降幅第一。自 2009 年至今，营运费用飙升加上更为严格的欧洲银行业监管使得苏格兰皇家银行累计亏损已经超过 580 亿英镑，其 2016 年税前净利润为负 40.82 亿英镑，较 2015 年 19.8 亿英镑的亏损额度大幅扩大。为扭转不利局面，近年来苏格兰皇家银行积极推进业务转型，大幅缩小资产规模，放缓扩张速度，不但砍去澳大利亚和阿联酋分支机构，而且考虑逐渐减少亚洲和美国的业务，从欧洲中东部、中东和非洲撤出所有业务，将更多精力转移至英国本土金融市场，其国际化进程不进反退。

此外，参与评分的 24 家全球系统重要性银行的 BII 值居于跨度较大的区间范围内，其中排名第一的渣打银行的 BII 得分约为排名最后的中国农业银行的 BII 得分的 13 倍。这体现了不同的全球系统重要性银行之间的国际化程度拉开了一定的差距，而非全部集中于高分值，部分全球系统重要性银行的国际拓展仍存在较大的空间。

3.1.2　国际化波幅较小，欧洲银行发展趋缓

表 3-3 展示了 24 家全球系统重要性银行在 2007—2016 年 10 年间的 BII 得分情况。从中不难发现，除去 2007 年、2008 年因金融危机影响导致大多数银行 BII 值有了一定程度的下降外，近 10 年来 24 家全球系统重要性银行的 BII 值整体波动幅度不大，这表明绝大多数全球系统重要性银行的国际化发展水平趋于稳定。

表 3-3　2007—2016 年部分全球系统重要性银行 BII 值

全球系统重要性银行	2007年	2008年	2009年	2010年	2011年	2012年	2013年	2014年	2015年	2016年	2016年排名
渣打银行	—	—	66.75	68.29	67.71	66.45	67.30	67.95	67.08	67.46	1
西班牙国际	—	—	—	—	—	—	—	—	55.78	56.36	2

续表

全球系统重要性银行	2007年	2008年	2009年	2010年	2011年	2012年	2013年	2014年	2015年	2016年	2016年排名
汇丰银行	52.49	50.43	51.71	53.36	53.55	54.48	51.3	51.59	51.97	55.37	3
瑞银集团	—	—	—	—	—	—	—	—	54.63	54.71	4
德意志银行	63.97	52.54	61.53	59.94	53.65	55.74	55.75	56.43	57.53	54.47	5
前5位平均	—	—	—	—	—	—	—	—	57.40	57.67	
北欧联合	49.65	55.09	54.96	54.27	54.60	54.71	54.49	53.48	51.64	52.16	6
花旗集团	53.64	60.89	58.43	55.47	56.92	54.66	54.16	52.43	51.68	51.77	7
瑞士瑞信	61.09	24.87	59.72	59.96	58.69	56.76	57.30	57.86	54.34	51.38	8
荷兰国际	60.38	63.48	60.15	56.61	56.08	55.52	52.88	54.90	55.83	49.97	9
法国兴业	—	—	—	—	—	—	—	—	43.48	42.93	10
前10位平均	—	—	—	—	—	—	—	—	54.40	53.66	
巴黎银行	39.54	38.94	41.95	41.63	39.26	41.76	41.92	42.10	42.35	40.18	11
联合信贷	44.48	43.52	43.66	48.31	47.96	44.22	40.95	40.39	41.04	39.92	12
三菱日联	27.96	25.44	26.42	27.18	27.86	27.84	31.14	29.70	35.97	36.69	13
高盛集团	32.78	26.43	29.52	30.26	29.44	31.30	31.29	30.50	32.38	31.59	14
法国农业信贷	27.01	27.80	35.49	35.88	34.03	27.34	33.28	33.39	31.17	31.07	15
前15位平均	—	—	—	—	—	—	—	—	48.46	47.74	
日本瑞穗	26.68	22.31	25.09	20.14	20.10	21.33	23.04	25.35	26.36	27.79	16
中国银行	22.14	20.12	19.27	20.04	19.93	20.76	22.23	23.70	24.23	26.62	17
摩根大通	—	28.32	27.06	27.23	30.15	27.65	28.27	27.55	25.88	25.95	18
法国 BPCE	—	—	8.30	11.57	10.08	10.57	11.21	19.75	20.17	20.39	19
中国工行	4.01	4.58	5.72	7.27	8.57	10.12	12.11	13.04	14.29	15.96	20
美国银行	12.10	11.89	19.32	16.46	19.29	16.00	16.27	15.45	15.02	15.08	21

续表

全球系统重要性银行	2007年	2008年	2009年	2010年	2011年	2012年	2013年	2014年	2015年	2016年	2016年排名
苏格兰皇家银行	—	—	—	—	—	—	28.30	21.76	16.64	8.51	22
中国建行	2.68	2.68	3.07	3.30	3.55	3.78	4.57	5.67	7.17	8.25	23
中国农行	1.30	1.11	1.72	1.86	1.92	2.84	3.48	4.38	5.19	5.37	24
24家银行平均	—	—	—	—	—	—	—	—	36.74	36.25	

资料来源：浙大 CIFI，各行 2007—2016 年历年年报。

　　虽然从时间维度来看全球系统重要性银行的 BII 整体上并无较大波动，但 2016 年其国际化水平整体上还是呈现出较为明显的下降趋势（平均降幅为 1.3%），24 家银行中有 9 家银行的 BII 数值均有不同程度的下降，其中有 2 家银行的降幅更是超过 10%。具体而言，参与测评的 24 家全球系统重要性银行中有 14 家来自欧洲，4 家来自美国，4 家来自中国，2 家来自日本。而在 2016 年 BII 得分下降的 9 家银行中，总部位于欧洲的银行就占据了 8 家（见表 3-4）。近年来，为摆脱通缩、刺激经济复苏，欧洲央行实施了极其宽松的货币政策，对金融机构缴存的超额准备金支付"负利率"，宽松幅度超过以往任何时期，这在一定程度上对欧洲银行业的经营产生了不利冲击。与此同时，欧洲银行业的监管条例也更为严格，除满足《巴塞尔协议Ⅲ》中更高的资本和流动性要求外，FSB 推出的"总损失吸收能力要求"，提高了大型银行的资本合规难度。此外，德意志银行等欧洲大型银行 2016 年爆发多次危机事件，英国脱欧等地区政治经济环境不确定性风险上升，均使得欧洲银行业的国际化进程有所趋缓。

表 3-4 2014—2016 年全球系统重要性银行 BII 变动率情况[①]

排名	2016 年变动率（%）	全球系统重要性银行	2015 年变动率（%）	全球系统重要性银行	2014 年变动率（%）	全球系统重要性银行
1	15.1	中国建行	26.4	中国建行	76.2	法国 BPCE
2	11.7	中国工行	21.1	三菱日联	25.9	中国农行
3	9.8	中国银行	18.4	中国农行	24.2	中国建行
4	6.5	汇丰银行	9.6	中国工行	10.0	日本瑞穗
5	5.4	日本瑞穗	6.2	高盛集团	7.7	中国工行
6	3.5	中国农行	4.0	日本瑞穗	6.6	中国银行
7	2.0	三菱日联	2.3	中国银行	3.8	荷兰国际
8	1.1	法国 BPCE	2.2	法国 BPCE	1.2	德意志银行
9	1.0	西班牙国际	1.9	德意志银行	1.0	瑞士瑞信
10	1.0	北欧联合	1.7	荷兰国际	1.0	渣打银行
11	0.6	渣打银行	1.6	联合信贷	0.6	汇丰银行
12	0.5	美国银行	0.7	汇丰银行	0.4	巴黎银行
13	0.3	摩根大通	0.6	巴黎银行	0.3	法国农业信贷
14	0.2	花旗集团	−1.3	渣打银行	−1.4	联合信贷
15	0.2	瑞银集团	−1.4	花旗集团	−1.9	北欧联合
16	−0.3	法国农业信贷	−2.8	美国银行	−2.5	高盛集团
17	−1.3	法国兴业	−3.4	北欧联合	−2.6	摩根大通
18	−2.4	高盛集团	−6.0	摩根大通	−3.2	花旗集团

---

① 西班牙国际银行、瑞银集团和法国兴业银行因 2016 年数据缺失，不参与 2014 年、2015 年 BII 值变动率排名。

排名	2016 年变动率（%）	全球系统重要性银行	2015 年变动率（%）	全球系统重要性银行	2014 年变动率（%）	全球系统重要性银行
19	-2.7	联合信贷	-6.1	瑞士瑞信	-4.6	三菱日联
20	-5.1	巴黎银行	-6.6	法国农业信贷	-5.0	美国银行
21	-5.3	德意志银行	-23.5	苏格兰皇家银行	-23.1	苏格兰皇家银行
22	-5.4	瑞士瑞信	—	—	—	—
23	-10.5	荷兰国际	—	—	—	—
24	-48.9	苏格兰皇家银行	—	—	—	—

资料来源：浙大 CIFI。

3.1.3　中资银行增长较快，中外差异逐渐缩小

此次披露数据的 24 家全球系统重要性银行中，中资银行占 4 家，其中国际化程度最高的中国银行于 2011 年最早入选，随后，中国工商银行、中国农业银行和中国建设银行分别在 2013 年、2014 年和 2015 年入选。通过对比这 4 家银行与全球系统重要性银行中其他外资银行的 BII 值，有助于中资银行正确认识自己目前所处的国际化发展水平和市场地位（见表 3-5）。

表 3-5　2015 年、2016 年中外资银行 BII 平均水平和增长率

年份	外资银行平均	增长率（%）	四大行平均	增长率（%）
2015	41.55	—	12.72	—
2016	40.69	-3.2	14.05	10.0

资料来源：浙大 CIFI。

如前文表 3-3 与表 3-5 所示，近年来中资银行的 BII 整体上与外资银行同期
水平相比还是存在较大差距。2016 年，四家中资银行中 BII 排名最高的中国银行
仅位列 17，其次为中国工商银行，排名第 20 位。同时，2016 年四家中资银行的
平均 BII 为 14.05，20 家外资银行的平均 BII 为 40.69，约为四家中资银行平均水
平的 2.9 倍。但是，若从增长率方面进行分析，相较于 2015 年，2016 年参与分
析的 20 家外资银行的平均 BII 下降了 3.2%，而四家中资银行平均 BII 的涨幅为
10.0%。这在一定程度上体现了中资银行的国际化发展突飞猛进，与外资银行间
的差距不断缩小。

图 3-1 选取了 BII 排名最高的三家外资银行、最低的三家外资银行以及具有
较高国际影响力的花旗银行，与中资四大行进行直观对比。从图中可以明显看出，
2016 年 BII 排名前三家外资银行的平均水平达 59.73，高出中资银行中 BII 排名
最高的中国银行 2 倍还多，为四大行平均 BII 的 4.3 倍。即使是外资银行中 BII
排名靠后的三家银行，其 BII 平均值亦达到 14.66，高于中资银行 BII 的平均值，
可见中资银行的国际化程度仍然有较大提升空间。

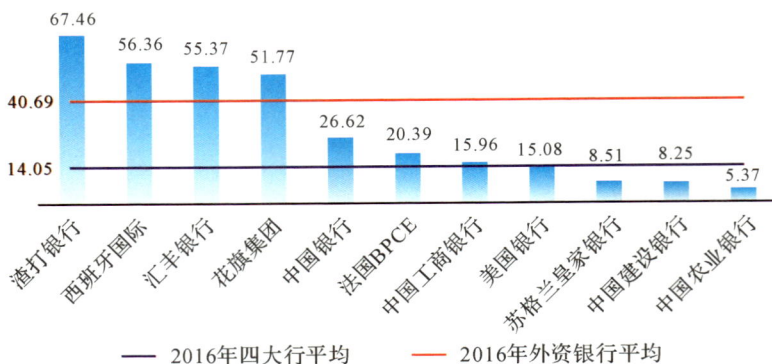

图 3-1 2016 年部分全球系统重要性银行 BII 对比

资料来源：浙大 CIFI。

图 3-2 展示了中资银行与外资银行 BII 分值的变动情况。由前文表 3-2 可知，近三年来全球系统重要性银行 BII 增速排名中四家中资银行均位列前 8，2016 年甚至均位列前 5 位。此外，从图 3-2 中可以明显看出，自 2008 年以来，四大行的平均 BII 增幅均高于外资银行 BII 增幅。除去 2009 年，外资银行的 BII 平均增幅一直在零值上下浮动，甚至经常为负值。而中资银行近年来一直保持着较为迅猛的增长速度，国际化水平不断提高，与外资银行的 BII 差距日益缩小。

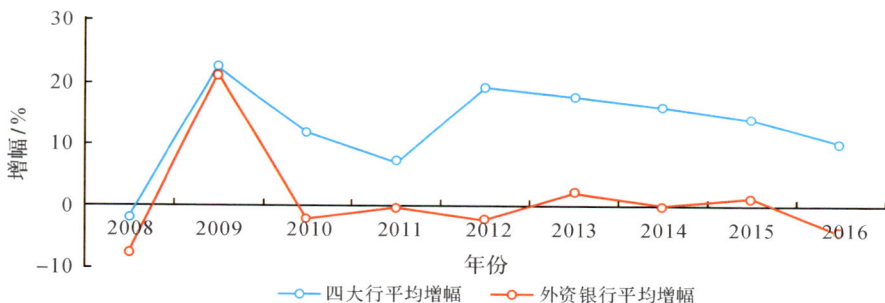

图 3-2 2008—2016 年中外资全球系统重要性银行 BII 增幅[①]

资料来源：浙大 CIFI。

自中国经济进入新常态以来，双向开放格局全面深化，"一带一路"倡议、设立自由贸易试验区和"走出去"等国家战略布局渐次铺开，人民币"入篮"加速了人民币国际化进程，均为中国银行业带来了盈利增长新动能，为其开展国际化经营提供了更为广阔的市场空间。中国银行业应抓住机遇，更多更好地参与国际银行业竞争，实现中资银行国际化新发展。

---

① 渣打银行、西班牙国际银行、瑞银集团、法国兴业银行、摩根大通、苏格兰皇家银行、法国 BPCE 银行集团因数据缺失，未列入外资银行平均 BII 变动率排名。

3.2　境外资产规模趋稳，中资银行积极追赶

作为境外经营的基础，境外资产不仅是银行境外规模的整体体现，更反映了未来现金流入的基本能力。此外，作为银行的重要传统业务，境外存贷款规模以最为直接的方式反映了银行的境外业务拓展情况。本节通过分析全球系统重要性银行的境外规模现状，来展现其国际化发展水平。

此外，以下两点还需要重点说明。一是在制作 BII 时，全球系统重要性银行中只有上文提到的 24 家银行的所有指标数据齐全，因此只计算和分析这 24 家银行的 BII。但从本节开始的第三章剩余内容将分别对境外资产规模、境外经营成果及境外机构布局等三个方面内容进行分析，若有全球系统重要性外资银行有相应模块数据，我们也会将其纳入该模块排名并进行相应分析。例如，巴克莱银行因缺少境外资产、境外利润等数据而未能进入 BII 评估体系，但其仍有境外存款及贷款的相应数据，故本报告在分析境外存款及贷款时将巴克莱银行也纳入排名和分析。二是由于外资银行数量众多，无法全部在同一图中呈现，因此下文一般情况下将选取相应指标的前几名（或者后几名）银行进行绘图对比分析。

3.2.1　境外资产总体增长，总量排名波动较小

通过对全球系统重要性银行 2016 年境外资产总量、境外资产占比及境外资产增速进行统计，得到如表 3-6 所示的排名结果。

2016 年，全球系统重要性银行境外资产总量排名较 2015 年无太大波动，平均境外资产总量为 31495.4 亿元。汇丰银行、德意志银行、西班牙国际银行以超过 70000 亿人民币的境外资产总量蝉联前三，其中汇丰银行超过德意志银行位居榜首。从银行境外资产占比而言，全球系统重要性银行境外资产占比平均值达

表 3-6 2016 年部分全球系统重要性银行境外资产情况 ①

排名	境外资产总量（亿元）		境外资产占比（%）		境外资产增速（%）	
1	汇丰银行	90711.8	渣打银行	83.9	中国建行	44.7
2	德意志银行	81949.1	西班牙国际	76.7	法国 BPCE	35.4
3	西班牙国际	74976.9	北欧联合	72.7	中国工行	27.7
4	三菱日联	66227.4	瑞士瑞信	69.7	三井住友	25.7
5	中国银行	50690.5	荷兰国际	65.1	摩根大通	18.9
6	摩根大通	41244.4	德意志银行	65.0	三菱日联	15.0
7	荷兰国际	40159.3	瑞银集团	62.3	摩根士丹利	14.4
8	瑞士瑞信	38954.0	联合信贷	57.6	高盛集团	12.4
9	联合信贷	36172.8	汇丰银行	55.0	瑞银集团	12.1
10	日本瑞穗	34754.7	三菱日联	39.5	法国兴业	10.5
11	北欧联合	32713.9	高盛集团	36.4	渣打银行	9.9
12	中国工行	31298.7	美国道富	32.6	汇丰银行	9.2
13	法国兴业	29550.3	日本瑞穗	31.3	美国道富	8.4
14	巴黎银行	29228.7	法国兴业	29.3	日本瑞穗	7.5
15	三井住友	24961.3	摩根士丹利	28.6	中国银行	4.9
16	法国农业信贷	20780.2	中国银行	27.9	西班牙国际	4.9
17	美国银行	19927.8	纽约梅隆	27.8	美国银行	4.0
18	高盛集团	19755.9	三井住友	24.5	纽约梅隆	3.7

① 外资银行境外资产数值统一按资产负债表日汇率换算为人民币；花旗银行因 2016 年境外资产数据缺失，计算 BII 用估计值，故不参与 2016 年境外资产总量、境外资产占比及其增速排名；巴克莱银行和美国富国银行因 2016 年境外资产数据缺失，故也不参与 2016 年境外资产总量、境外资产占比及其增速排名。

续表

排名	境外资产总量（亿元）		境外资产占比（%）		境外资产增速（%）	
19	中国建行	16633.1	摩根大通	23.8	中国农行	3.2
20	摩根士丹利	16190.8	巴黎银行	19.3	联合信贷	3.1
21	渣打银行	15688.0	法国农业信贷	18.7	法国农业信贷	0.4
22	法国 BPCE	10026.9	美国银行	13.1	瑞士瑞信	0.4
23	中国农行	8074.0	中国工行	13.0	北欧联合	−0.7
24	苏格兰皇家银行	7099.5	法国 BPCE	11.1	德意志银行	−3.1
25	纽约梅隆	6437.9	苏格兰皇家银行	10.4	巴黎银行	−3.3
26	美国道富	5491.8	中国建行	6.7	荷兰国际	−17.6
27	瑞银集团	675.0	中国农行	4.1	苏格兰皇家银行	−47.7

资料来源：浙大 CIFI，各行 2016 年年报。

37.3%，但表现为一定程度的两极分化，排名前 9 位的银行境外资产占比均高于 50%，而排名靠后的 2 家银行境外资产占比仅为个位数，在境外资产领域仍有较大增长空间。此外，境外资产占比排名前 9 位的银行均为欧洲地区银行，即使近年来贸易减少、对新市场的贸易拓展遭遇瓶颈等多方面因素使得多数欧洲银行不同程度地缩减其境外业务及资产，但凭借其先天发展优势，欧洲地区的全球系统重要性银行的境外资产占银行总资产比重仍普遍高于亚太地区的全球系统重要性银行。境外资产增速排名情况则与上述两项有较大区别，2016 年全球系统重要性银行的平均境外资产增速为 7.5%，总体呈现上浮态势，超过 80% 的全球系统重要性银行的境外资产呈正值增长。中国建设银行虽然境外资产占比仅达 6.7%，但其以高达 44.7% 的境外资产增速位列第一，该值约为全球系统重要性银行平均增速的 6 倍。

目前全球经济依旧处于复苏区间，全球银行业仍在调整在国际金融领域的资产配置。作为全球银行业的"稳定器"，全球系统重要性银行应根据其所在国家的政策国情，积极提高资产质量，改善资产管理环境，以促进全球经济、金融的健康发展。

3.2.2　境外存贷款规模稳定，欧洲地区增速下降

存贷款业务是现代商业银行的基础业务，也是其开展其他金融业务的重要资金来源，本节对部分全球系统重要性银行 2016 年境外存款与境外贷款的基本情况总结如表 3-7、表 3-8 所示：

表 3-7　2016 年部分全球系统重要性银行境外存款情况 [①]

排名	境外存款总量（亿元）		境外存款占比（%）		境外存款增速（%）	
1	汇丰银行	57332.5	联合信贷	76.3	巴克莱银行	77.9
2	联合信贷	31624.9	渣打银行	76.1	高盛集团	35.7
3	花旗集团	29827.3	美国道富	76.0	三菱日联	23.5
4	荷兰国际	27089.6	北欧联合	72.4	三井住友	22.9
5	三菱日联	26803.4	荷兰国际	67.5	中国工行	19.8
6	中国银行	22705.0	汇丰银行	64.9	瑞士瑞信	17.6
7	渣打银行	19997.6	花旗集团	59.8	中国农行	12.3
8	巴黎银行	17600.6	纽约梅隆	41.1	瑞银集团	12.1

①　外资银行境外存款数值统一按资产负债表日汇率换算为人民币。摩根士丹利、法国兴业银行、法国 BPCE 银行集团及西班牙国际银行因 2016 年境外存款数据缺失，故不参与 2016 年境外存款总量、境外存款占比及其增速排名。

续表

排名	境外存款总量（亿元）		境外存款占比（%）		境外存款增速（%）	
9	巴克莱银行	16508.1	瑞银集团	41.1	汇丰银行	11.6
10	摩根大通	16499.5	瑞士瑞信	40.9	中国建行	11.3
11	三井住友	14845.6	巴克莱银行	38.6	中国银行	9.7
12	德意志银行	14698.5	德意志银行	36.2	花旗集团	8.1
13	瑞银集团	11434.8	巴黎银行	33.3	美国银行	8.0
14	法国农业信贷	11394.6	法国农业信贷	29.9	荷兰国际	5.7
15	瑞士瑞信	10560.2	三菱日联	26.9	巴黎银行	5.7
16	日本瑞穗	8990.4	三井住友	20.6	法国农业信贷	4.7
17	美国富国	7165.5	中国银行	18.1	美国富国	3.1
18	中国工行	6770.6	摩根大通	17.9	联合信贷	2.2
19	美国道富	6634.0	日本瑞穗	15.5	渣打银行	0.8
20	纽约梅隆	6324.9	高盛集团	15.3	摩根大通	0.1
21	美国银行	4993.2	美国富国	7.9	美国道富	−0.3
22	中国建行	4366.8	苏格兰皇家银行	6.0	德意志银行	−3.1
23	北欧联合	4257.2	美国银行	5.7	日本瑞穗	−17.0
24	苏格兰皇家银行	1982.4	中国工行	3.8	纽约梅隆	−26.0
25	高盛集团	1222.3	中国建行	3.0	北欧联合	−28.6
26	中国农行	1003.3	中国农行	0.7	苏格兰皇家银行	−33.8

资料来源：浙大 CIFI，各行 2016 年年报。

表3-8　2016年部分全球系统重要性银行境外贷款情况 ①

排名	境外贷款总量（亿元）		境外贷款占比（%）		境外贷款增速（%）	
1	巴黎银行	76429.6	渣打银行	82.8	中国建行	40.7
2	西班牙国际	46560.3	西班牙国际	80.7	三井住友	26.8
3	汇丰银行	36438.7	巴黎银行	72.8	中国工行	26.6
4	三菱日联	29025.1	北欧联合	70.8	美国道富	25.8
5	荷兰国际	28448.3	联合信贷	69.6	美国富国	20.2
6	联合信贷	22609.9	荷兰国际	65.6	高盛集团	17.8
7	中国银行	21548.6	汇丰银行	60.9	法国 BPCE	16.5
8	北欧联合	17460.7	德意志银行	52.3	三菱日联	15.5
9	花旗集团	17240.5	法国农业信贷	51.1	日本瑞穗	15.4
10	法国农业信贷	16603.8	瑞银集团	49.5	荷兰国际	13.0
11	德意志银行	15779.1	瑞士瑞信	42.7	中国银行	11.3
12	三井住友	15238.4	三菱日联	41.2	法国农业信贷	7.6
13	巴克莱银行	14856.5	花旗集团	39.8	汇丰银行	5.5
14	渣打银行	14707.4	巴克莱银行	39.4	瑞士瑞信	5.3
15	日本瑞穗	14411.5	日本瑞穗	32.4	纽约梅隆	4.6
16	中国工行	13273.2	三井住友	29.6	美国银行	3.9
17	瑞银集团	10804.5	法国 BPCE	28.0	西班牙国际	3.9
18	中国建行	9639.7	纽约梅隆	21.8	巴黎银行	3.4
19	瑞士瑞信	8063.8	中国银行	21.6	瑞银集团	3.0

① 外资银行境外贷款数值统一按资产负债表日汇率换算为人民币。摩根士丹利和法国兴业银行因2016年境外贷款数据缺失，故不参与2016年境外贷款总量、境外货款占比及其增速排名。

续表

排名	境外贷款总量（亿元）		境外贷款占比（%）		境外贷款增速（%）	
20	美国银行	6846.5	苏格兰皇家银行	16.5	花旗集团	0.5
21	摩根大通	5426.9	美国道富	15.1	中国农行	−1.4
22	苏格兰皇家银行	4974.6	美国富国	12.9	德意志银行	−3.2
23	美国富国	4532.6	美国银行	10.9	渣打银行	−3.6
24	中国农行	4405.6	中国工行	10.2	摩根大通	−4.6
25	纽约梅隆	974.3	高盛集团	9.6	北欧联合	−5.8
26	高盛集团	320.0	摩根大通	9.0	联合信贷	−6.2
27	美国道富	206.9	中国建行	8.6	巴克莱银行	−18.6
28	法国 BPCE	201.5	中国农行	4.5	苏格兰皇家银行	−40.7

资料来源：浙大 CIFI，各行 2016 年年报。

　　2016 年全球系统重要性银行境外存款总量与占比均值分别为 14716.6 亿元和 34.4%，均低于其境外贷款总量均值 16322.5 亿元及占比 37.5%（见图 3-3），这在一定程度上体现了全球系统重要性银行整体发放贷款能力略高于吸收存款能力。此外，欧洲地区的全球系统重要性银行 2016 年的境外存款和贷款增速普遍居于较低水平，苏格兰皇家银行的境外存贷款降幅甚至高达 33.8% 和 40.7%。在境外存款总量与境外存款占比排名前 10 的银行中，欧洲地区银行分别占据了 6 席与 7 席，而在境外存款增速排名前 10 的银行中仅有 4 家为欧洲银行。这一情况在境外贷款排名中更为明显，占据境外贷款占比排名前 10 的欧洲地区银行，在境外贷款增速排名前 10 中仅为 2 家。这一现象表明，后金融危机时代，少数历史遗留问题的存在以及欧洲地区近年来曲折动荡的金融和政治局势，导致欧洲银行业国际化进程节奏趋缓。

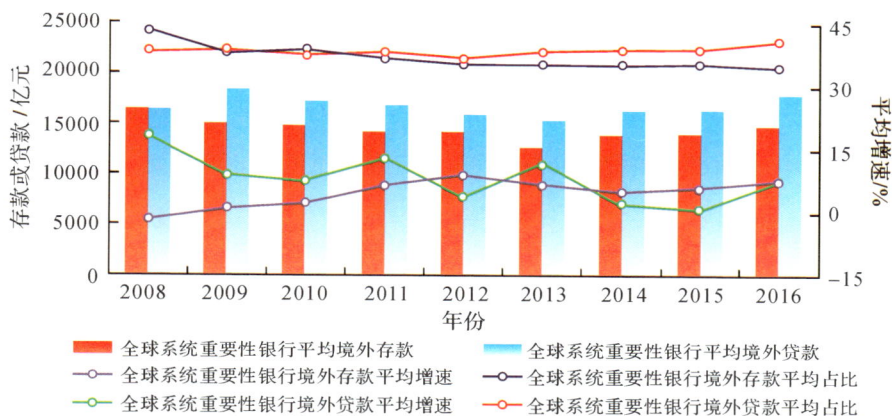

图 3-3 2008—2016 年全球系统重要性银行境外存贷款情况 ①

资料来源：浙大 CIFI，各行 2008—2016 年历年年报。

从历史趋势来看，全球系统重要性银行平均境外存贷款总量规模整体趋于平稳，其中 2008—2009 年金融危机的影响使后几年境外存贷款总量下降，但幅度不大，自 2013 年后又逐渐回升。从占比角度来看，2008—2016 年全球系统重要性银行境外存贷款占比均值保持在 40% 上下，其中境外贷款占比自 2010 年超过境外存款占比后两者之间差距呈逐年增大趋势。在境外存贷款增长速度方面，除 2008 年银行境外存款平均增长率为 –2% 外，全球系统重要性银行境外存贷款均保持不同程度的涨幅，其中境外贷款相较于境外存款波动幅度更大。

---

① 法国 BPCE 银行集团和法国兴业银行因数据缺失未参与系统重要性银行境外存款平均值计算，法国 BPCE 银行集团、法国兴业银行、高盛集团及三井住友银行因数据缺失未参与系统重要性银行境外贷款平均值计算。

3.2.3　中外银行资产均值接近，存贷款均达高点

（1）中外资银行境外资产总量差幅收窄，中资银行增速小幅下降

截至 2016 年年底，四大行境外资产平均值已超过 25000 亿元，接近 2007 年境外资产平均值的 6 倍。其中，中国银行境外资产规模最大，为 50690.5 亿元，超过四大行平均值约 1.5 倍；中国农业银行目前境外资产规模最小，但也超过了 8000 亿元。与外资银行相比，中资银行的境外资产规模虽仍有一定差距，但整体延续了发展形势，保持着追赶态势。图 3-4 选取了境外资产总量排名前三的德意志银行、汇丰银行和西班牙国际银行与四大行进行具体对比。结果显示，2016 年，全球系统重要性外资银行境外资产平均规模约为 32333.8 亿元，为四大行平均水平的 1.2 倍。从个别银行来看，即使是外资银行中排名第三的西班牙国际银行，其境外资产总量也达中资银行中排名第一的中国银行境外资产总量的 1.5 倍，为排名最后的中国农业银行境外资产总量的 9 倍。但就趋势而言，2016 年四家中资银行延续近 10 年来的增长态势，境外资产平均规模逐年上升，全球系统重要性外资银行境外资产平均规模则因受金融危机影响而在 2007—2009 年有较大幅度下降，近年来又在小幅波动中企稳。

图 3-5 选取了四家中资银行中境外资产占比最高的中国银行及全球系统重要性外资银行中同一占比最高的渣打银行作为代表，来展示中资银行与外资银行的境外资产占比情形。2016 年，四大行平均境外资产占比达 12.9%，其中表现最为突出的中国银行境外资产占比达 27.9%，约为中资银行平均水平的 2.2 倍。然而与外资银行相比，中资银行的最高水平仍不及其境外资产占比的平均水平。2016 年，全球系统重要性外资银行境外资产占比均值为 41.5%，约为中国银行境外资

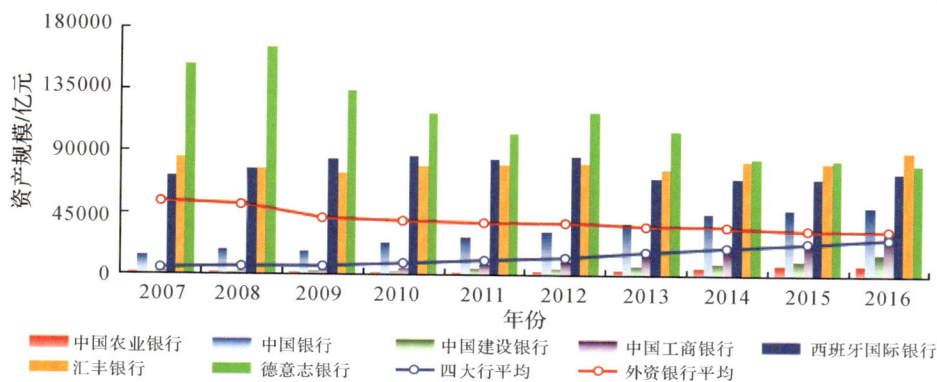

图 3-4　2007—2016 年部分中外资全球系统重要性银行境外资产规模 [①]

资料来源：浙大 CIFI，各行 2007—2016 年历年年报。

产占比的 1.5 倍和四大行平均水平的 3.2 倍。近年来，中外资银行境外资产占比水平差距呈现出缩小态势，但与境外资产总量相比则缩小幅度不甚明显。

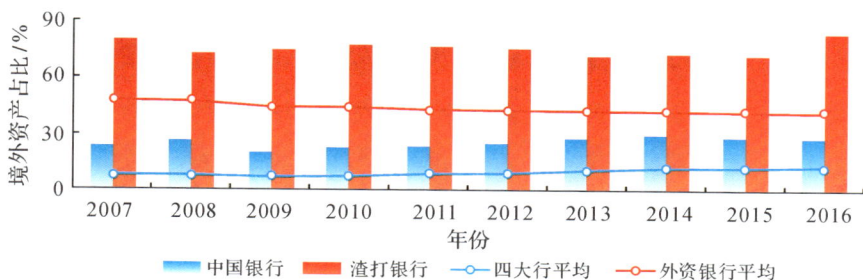

图 3-5　2007—2016 年中外资全球系统重要性银行境外资产占比

资料来源：浙大 CIFI，各行 2007—2016 年历年年报。

---

① 巴克莱银行和美国富国银行因数据缺失而未参与外资银行境外资产总量、境外资产占比及其增速平均值计算。

与上述两项有所不同，在境外资产增速上中资银行居于领先地位，但2016年的增速有所下降，与外资银行的差距较2015年有所收窄。四大行境外资产平均增速在2016年达到20.1%，其中，中国建设银行表现最为突出，为44.7%（见图3-6）。近年来，外资银行境外资产增速在零值上下徘徊，2016年外资银行境外资产增速有所提高，平均增速为5.4%，但也仅为四大行平均水平的四分之一左右。

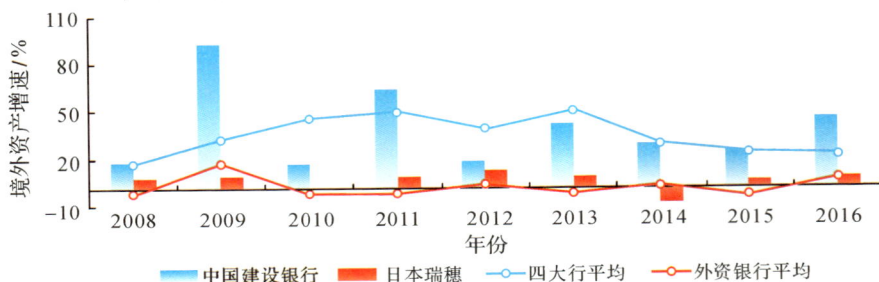

图3-6　2008—2016年中外资全球系统重要性银行境外资产增速

资料来源：浙大CIFI，各行2008—2016年历年年报。

（2）中外资银行境外存贷款总量均达最高点，中资银行增速回升

就总量而言，四家中资银行境外存贷款规模在国际上仍然处于偏低水平。2016年，四大行平均境外存款总量达8711.4亿元（见图3-7），平均境外贷款总量为12216.8亿元（见图3-8）。其中，中国银行境外存贷款总量最高，2016年境外存款总量为22705.0亿元，排名第六；境外贷款总量为21548.6亿元，排名第七。然而与境外资产数据相似，中资银行与全球系统重要性外资银行在境外存贷款总量上仍有一定差距。2016年，全球系统重要性外资银行平均境外存款总量为15808.5亿元，是四大行平均水平的1.8倍；平均境外贷款总量达18685.8亿元，其中排名第一的巴黎银行，其境外贷款总量更是高出四大行平均水平6倍有余。

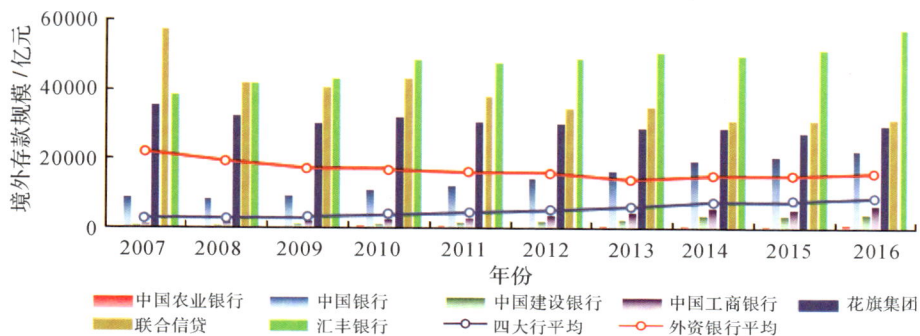

图 3-7 2007—2016 年中外资全球系统重要性银行境外存款规模①

资料来源：浙大 CIFI，各行 2007—2016 年历年年报。

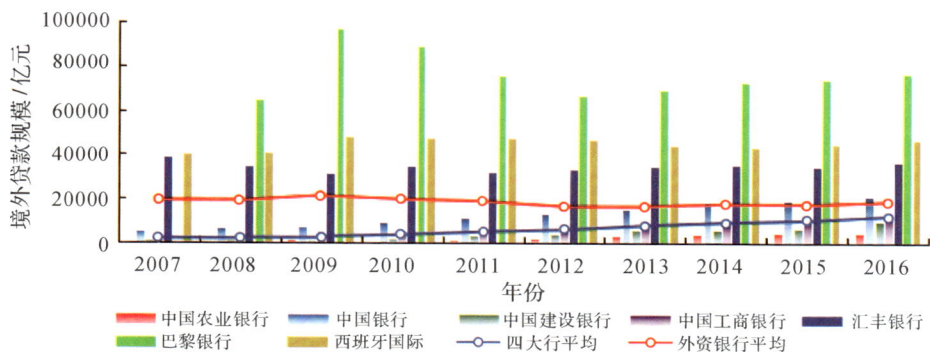

图 3-8 2007—2016 年中外资全球系统重要性银行境外贷款规模②

资料来源：浙大 CIFI，各行 2007—2016 年历年年报。

---

① 法国 BPCE 银行集团和法国兴业银行因数据缺失而未参与外资银行境外存款总量、境外存款占比及其增速平均值计算。

② 法国 BPCE 银行集团、法国兴业银行、高盛集团及三井住友银行因数据缺失而未参与外资银行境外贷款总量、境外货款占比及其增速平均值计算。

从变动趋势上来看，中资银行的境外贷款变动趋势与境外存款相似，呈持续增长态势且两者均达近年来的最高点。四大行境外存贷款总规模在2007—2016年均出现数倍增长。而外资银行尽管受金融危机等的影响，境外存贷款规模自2007年以来出现了明显的下降趋势，但在近几年又逐渐趋稳，2016年甚至出现回升，这也从一个侧面反映了世界经济的复苏。

图3-9与图3-10展现了中外资银行境外存贷款占比情况。当前，外资银行毫无疑问有着更为强劲的境外存贷款吸收和发放能力。2016年，四大行境外存款平均占比为6.4%，仅为外资银行平均水平的六分之一。2016年，外资银行境外贷款平均占比为41.9%，约为四大行境外贷款平均占比的3.8倍。就具体银行而言，中资银行中表现最为突出的中国银行，其2016年境外存款占比不到外资银行平均境外存款水平的一半，其2016年境外贷款占比为外资银行表现最好的渣打银行境外贷款占比的四分之一。从变动趋势分析，近年来除四大行境外贷款平均占比稳步上升外，中资银行境外存款占比与外资银行境外存款占比均表现出小幅上下波动，整体较为平稳。

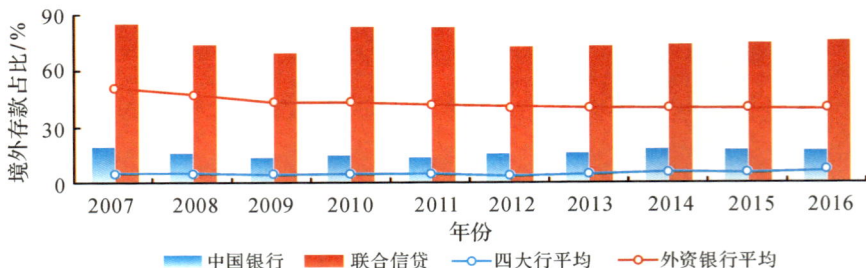

图 3-9　2007—2016 年中外资全球系统重要性银行境外存款占比

资料来源：浙大 CIFI，各行 2007—2016 年历年年报。

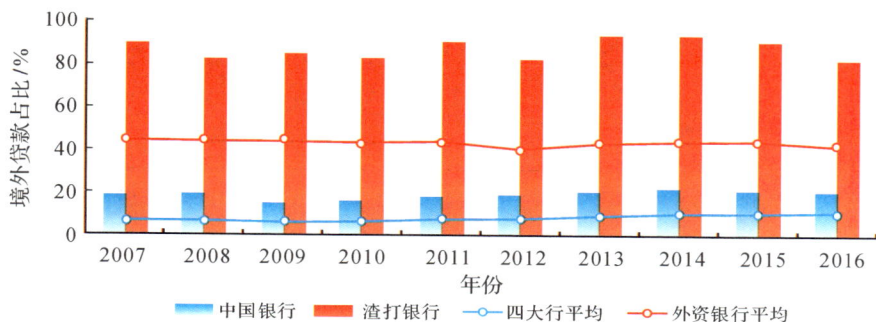

图3-10　2007—2016年中外资全球系统重要性银行境外贷款占比

资料来源：浙大CIFI，各行2007—2016年历年年报。

图 3-11 与图 3-12 反映出四大行境外存贷款平均增速基本高于外资银行境外存贷款平均增速。2016 年，中资银行境外存款平均增速为 13.3%，是外资银行的两倍多；境外贷款平均增速为 19.3%，其中表现突出的中国建设银行的境外贷款增速达 40.7%，接近外资银行同年境外贷款平均增速的 10 倍。

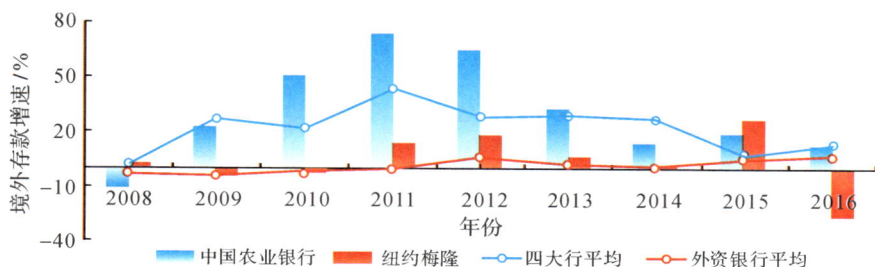

图3-11　2008—2016年中外资全球系统重要性银行境外存款增速

资料来源：浙大CIFI，各行2008—2016年历年年报。

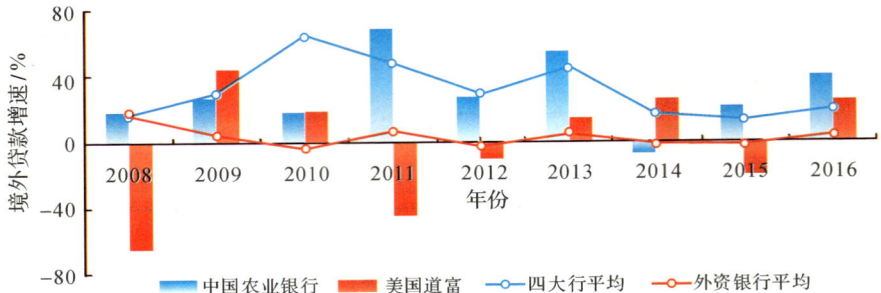

图 3-12　2008—2016 年中外资全球系统重要性银行境外贷款增速

资料来源：浙大 CIFI，各行 2008—2016 年历年年报。

　　和境外存贷款总量与占比不同，中资银行的境外存贷款增速波动幅度相对较大，自 2008 年以来其最高存款增速为 2011 年的 42.8%，最低存款增速为 2008 年的 1.6%，波动幅度高达数十倍。这在一定程度上体现了当前中国银行业国际化水平依旧处于加速发展阶段，境外业务拓展迅速。而外资银行的国际化发展则相对成熟，其境外存贷款波动幅度相对平稳，围绕零值上下浮动，但近几年出现了一定程度的回升。

3.3　境外经营成果巩固，中资银行有望赶超

　　利润最大化是银行追求的重要目标之一，利润的量化有利于了解银行的经营能力，进而判断优劣势，分析调整策略。为考察银行的国际化经营能力，本节通过境外营收、境外利润和境外总资产利润率三大指标来分析全球系统重要性银行的境外盈利现状，并进行中外资银行对比。

3.3.1　境外营收情况各异，占比和增速出现下降

相比 2015 年，全球系统重要性银行的境外营收总量和境外营收占比在 2016 年排名基本保持不变，增速排名则有较大幅度调整。其中，境外营收占比整体下降，下降幅度大多处于 1%~3%；境外营收增速呈高、中、低三层分化，增速在 10% 以上、0~10% 以及小于 0 的各占 1/3 左右。表 3-9 整理了 2016 年 29 家全球系统重要性银行的境外营收总量、境外营收占比和境外营收增速数据，并提供了排名参考。

表 3-9　2016 年部分全球系统重要性银行境外营收情况 [①]

排名	境外营收总量（亿元）		境外营收占比（%）		境外营收增速（%）	
1	汇丰银行	3108.1	渣打银行	87.9	日本瑞穗	41.2
2	西班牙国际	2792.7	西班牙国际	87.2	中国银行	29.9
3	花旗集团	2280.0	瑞银集团	76.0	中国工商银行	28.2
4	巴黎银行	2109.5	北欧联合	74.9	三井住友	25.8
5	摩根大通	1521.4	汇丰银行	74.8	法国兴业	25.6
6	瑞银集团	1465.8	巴黎银行	66.5	中国农业银行	17.1
7	德意志银行	1452.8	德意志银行	66.3	美国银行	11.3
8	三菱日联	1385.4	法国兴业	65.3	中国建设银行	10.7
9	中国银行	1209.1	荷兰国际	64.1	美国道富	6.8
10	巴克莱银行	886.0	瑞士瑞信	58.5	摩根大通	5.2

①　外资银行境外营收数值统一按资产负债表日汇率换算为人民币。美国富国银行因为境外营收总量、境外营收占比及其增速数据缺失，故不参与境外营收排名。

续表

排名	境外营收总量（亿元）		境外营收占比（%）		境外营收增速（%）	
11	高盛集团	865.4	联合信贷	52.8	巴黎银行	4.5
12	中国工商银行	853.7	花旗集团	50.1	法国农业信贷	4.2
13	渣打银行	843.1	法国农业信贷	48.6	纽约梅隆	3.1
14	荷兰国际	837.9	巴克莱银行	48.3	荷兰国际	2.6
15	瑞士瑞信	811.1	三菱日联	44.7	汇丰银行	2.1
16	美国银行	783.4	美国道富	43.3	北欧联合	2.0
17	联合信贷	696.1	高盛集团	40.7	西班牙国际	1.0
18	摩根士丹利	634.9	纽约梅隆	34.2	花旗集团	0.2
19	日本瑞穗	628.0	日本瑞穗	32.4	三菱日联	−1.4
20	三井住友	611.6	三井住友	29.6	法国 BPCE	−2.8
21	法国农业信贷	598.6	摩根士丹利	26.4	摩根士丹利	−2.9
22	北欧联合	543.3	中国银行	25.0	瑞银集团	−3.7
23	纽约梅隆	362.1	摩根大通	22.9	高盛集团	−8.8
24	法国 BPCE	325.5	法国 BPCE	18.5	渣打银行	−10.4
25	美国道富	306.8	美国银行	13.5	德意志银行	−11.4
26	法国兴业	304.7	中国工商银行	12.6	瑞士瑞信	−17.9
27	中国农业银行	211.9	苏格兰皇家银行	8.4	联合信贷	−18.1
28	中国建设银行	153.9	中国农业银行	4.2	巴克莱银行	−43.6
29	苏格兰皇家银行	114.6	中国建设银行	2.5	苏格兰皇家银行	−44.7

资料来源：浙大 CIFI。

（1）境外营收总量分化，占比和增速均呈下降趋势

首先，由表3-9可知，全球系统重要性银行的境外营收总量出现了分化。汇丰银行、西班牙国际、花旗集团和巴黎银行这四家系统重要性银行组成排名榜第一梯队，境外营收总量均超过2000亿元，其中汇丰银行以3108.1亿元稳居榜首。摩根大通、瑞银集团、德意志银行和三菱日联则成为较稳定的第二梯队，同比2015年排名略有上下调整，境外营收总量均在1000~2000亿元，摩根大通在第二梯队中总量最大，但与第一梯队中排名垫后的巴黎银行相差588.1亿元。中国银行首次跻身前十，以1209.1亿元排名第九，在中资全球系统重要性银行中的境外营收总量最大。排名第十的巴克莱银行的境外营收总量为886亿元，与前一名中国银行相差300多亿元，形成又一个较大的断层。前十名以后银行的境外营收总量递减幅度虽然较小，但是排名第一的汇丰银行的境外营收总量为排名最后的苏格兰皇家银行的27倍左右，可谓相差悬殊。

其次，境外营收占比大多呈现同比下降的趋势，整体排名情况与2015年相差不大。渣打银行境外营收占比跌破90%，回落至87.9%，但仍位居榜首。西班牙国际以87.2%紧随其后，同比2015年增长0.6%，是29家全球系统重要性银行中为数不多的占比正增长的银行。瑞银集团和北欧联合银行分别同比下降0.8%和0.4%，仍维持在第三、四名。占比高于50%的全球系统重要性银行有12家，同比2015年减少1家。另外，占比在20%~50%和0~20%的全球系统重要性银行分别有11家和6家。中国工商银行、中国农业银行、中国建设银行这三家中资银行境外营收占比均未能突破20%。其中，中国建设银行境外营收占比最低，为2.5%，约是排名第一的渣打银行境外营收占比的1/35。

最后，境外营收增速同比2015年变化较大，不同银行呈现出不同方向和幅

度的调整，整体下降约 8%。其中，日本瑞穗增速引人瞩目，以 41.2% 处于领先地位，相较其 2015 年 2.3% 的增速表现可观，这也与其灵活调整财务策略有关。中国银行在增速上有较大提高，以 29.9% 跃居第二。三菱日联则从 2015 年以 89.1% 位居榜首的"霸主"变为增速 -1.4% 的"无人问津者"。瑞银集团也从前十跌出，同比 2015 年下降 18.7%，以 -3.7% 位列第 22。整体来看，2016 年全球系统重要性银行境外营收增长态势趋于冷淡，平均增速为 0.7%，而 2015 年的平均增速则为 8.3%。如果以 0、10% 为分段节点，则 29 家银行增速大致可以被均匀地分成 0 以下、0~10% 和 10% 以上三层，高、低两端差距较大，苏格兰皇家银行以 -44.7% 的增速与日本瑞穗保持约 86% 的差距。增速最高一层的大部分银行总部位于亚太地区，包括日本和中国。除中国银行和摩根大通外，境外营收总量排名前十的全球系统重要性银行的境外营收增速均处于第二、三层，即低于 5%。而总量排名较后的美国道富、法国兴业、中国农业银行、中国建设银行等的增速均在第一层，即高于 5%。尽管仍然有极端的案例存在，比如苏格兰皇家银行因为法律诉讼、资产重组等问题连年巨亏，不仅境外营收总量垫底，而且增速情况也萎靡不振，但大部分处于境外营收增速不同层次的银行还是体现出"总量大、增速小"的一般规律。

（2）中外资银行境外营收差距缩小，中资银行发展潜力较大

自 2007 年以来，外资全球系统重要性银行境外营收总量总体上呈下降趋势，而中资银行则稳步上升，两者差距逐渐减小（见图 3-13）。2016 年，两者差距为 443.6 亿元，仅为 2007 年的 1/4 左右。不过，中资银行仍有较大增长空间，2016 年外资银行平均境外营收总量仍为中资银行平均水平的 1.7 倍。

具体来看，2008 年金融危机给外资全球系统重要性银行带来了较深远的冲

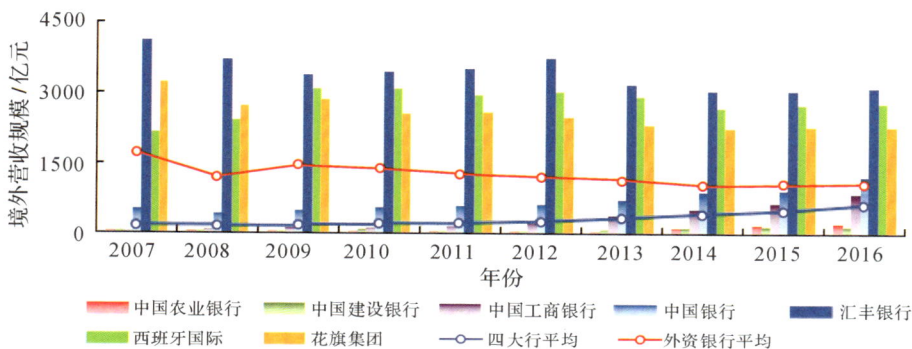

图 3-13　2007—2016 年中外资全球系统重要性银行境外营收规模

资料来源：浙大 CIFI，各行 2007—2016 年历年年报。

击，导致当年境外营收总量跳水。尽管 2009 年迅速大幅反弹，但并没有恢复到危机之前的水平。之后逐年缓降，直到 2016 年，外资银行境外营收总量平均为 1050.8 亿元，约为 2007 年的 3/5；而中资全球系统重要性银行境外营收总量虽也受到金融危机的负面影响，但是由于本身规模较小，2007 年仅为 156.5 亿元，不到外资银行平均水平的 1/10，发展尚不成熟，处于开拓期，危机之后境外营收总量一直呈现增长态势，发展潜力仍然较大。自 2014 年起，汇丰银行、花旗集团和西班牙国际这三家全球系统重要性银行的境外营收总量连续三年基本不变，保持全球领先地位，均在 2200 亿元以上。而中资全球系统重要性银行中，中国银行和中国工商银行的境外营收总量 2016 年分别为 1209.1 亿元和 853.7 亿元，虽然显著高于另外两家中资银行，但仍然与上述三家银行相差较远，不足汇丰、花旗和西班牙国际平均水平的 1/2。

境外营收占比上，自 2008 年以来，外资全球系统重要性银行平均水平与中资银行平均水平变化均较小，前者基本持平，而后者在 2015—2016 年有小幅上升（见图 3-14）。因为外资银行国际化发展比较成熟，境外盈利能力增长空间较小，所以其境外营收占比既无显著增长也无显著下降。中资银行则恰好相反，国际化经验尚且不足，境外盈利能力亟待提高，境外营收占比也有较大的增长空间。

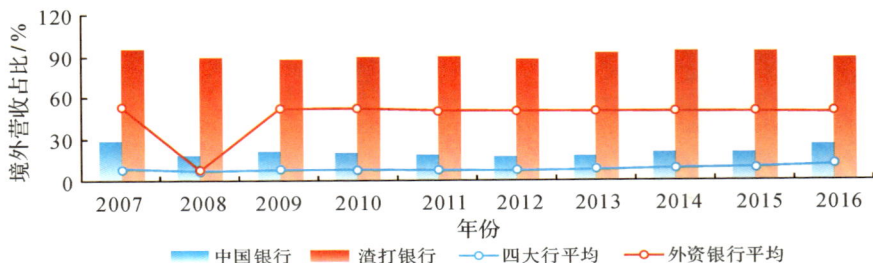

图 3-14　2007—2016 年中外资全球系统重要性银行境外营收占比

资料来源：浙大 CIFI，各行 2007—2016 年历年年报。

　　金融危机同样对银行的境外营收占比造成了较明显的负面影响。2008 年，外资银行平均水平与一直处于低位的中资银行十分接近，两者仅相差 1.7% 左右，但 2009 年外资银行平均水平快速恢复高位，之后稳定地处于 50% 左右，与中资银行平均水平保持着 40% 以上的差距。以渣打银行和中国银行为例，两者分别为外资和中资全球系统重要性银行中境外营收占比领先的银行。自 2007 年以来，渣打银行境外营收占比一直徘徊在 90% 左右，最高为 2007 年的 95.9%，最低为 2016 年的 87.9%，总体持平；而中国银行境外营收占比则围绕 20% 上下波动，2007—2013 年总体下降 10% 左右，2013 年以后到 2016 年处于增长区间，特别是 2016 年有较大幅度增长，6 年来第一次突破 20%，但是在全球系统重要性银行境外营收占比排名中仅位列第 22。2016 年，渣打银行的境外营收占比约为中国银行的 3.5 倍，两者差距较大。

从境外营收增速看，2012—2016 年中资银行平均增速虽然总体呈现下降态势，但是仍然显著高于徘徊在零值附近的外资银行平均增速（见图 3-15）。2012 年中资全球系统重要性银行境外营收平均增速为 65.76%，之后逐年递减，2016 年仅为 21.45%；而外资银行平均增速在 2008—2012 年仅有一年为正增长，其余四年均处于负区间，2013 年转负为正以后，增速也十分不力，近几年来又有降回负区间的趋势。中外资全球系统重要性银行境外营收增速的平均水平保持着 20% 以上的差距。

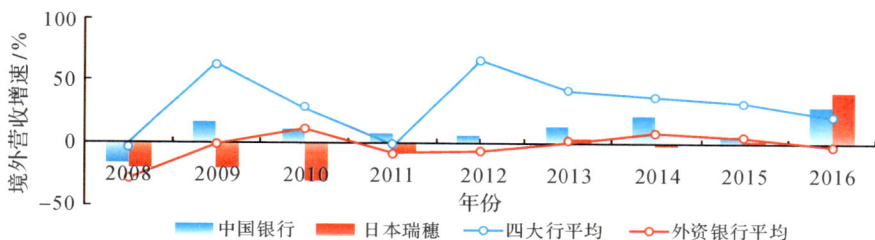

图 3-15　2008—2016 年中外资全球系统重要性银行境外营收增速

资料来源：浙大 CIFI，各行 2008—2016 年历年年报。

3.3.2　境外利润趋于稳定，中资银行平均水平反超外资银行

表 3-10 整理了 2016 年 23 家全球系统重要性银行境外利润总量、境外利润占比和境外利润增速的排名情况。相比 2015 年，2016 年境外利润总量变化不一，最高跌破 1000 亿元，占比则整体上有一定幅度的增长，大多数增速有所放缓，总体形势趋于稳定。

表 3-10　2016 年部分中外资银行境外利润情况 ①

排名	境外利润总量（亿元）		境外利润占比（%）		境外利润增速（%）	
1	汇丰银行	964.1	汇丰银行	195.2	中国银行	48.6
2	中国银行	813.9	瑞士瑞信	193.2	日本瑞穗	48.6
3	西班牙国际	786.3	渣打银行	116.8	法国农业信贷	46.3
4	花旗集团	555.6	西班牙国际	95.4	美国银行	46.1
5	摩根大通	522.0	北欧联合	79.2	中国建设银行	27.5
6	三菱日联	383.1	法国兴业	75.0	法国兴业	27.1
7	法国兴业	345.4	荷兰国际	69.3	西班牙国际	16.8
8	荷兰国际	319.3	法国农业信贷	61.6	瑞士瑞信	10.6
9	中国工商银行	308.2	三菱日联	57.5	中国工商银行	9.3
10	高盛集团	282.3	花旗集团	53.2	摩根士丹利	7.6
11	北欧联合	267.6	美国道富	49.4	花旗集团	7.6
12	日本瑞穗	253.8	苏格兰皇家银行	45.8	渣打银行	5.3
13	摩根士丹利	219.0	纽约梅隆	43.0	摩根大通	5.0
14	美国银行	190.2	高盛集团	39.5	纽约梅隆	0.9
15	法国农业信贷	159.2	日本瑞穗	37.0	北欧联合	−3.5
16	纽约梅隆	141.2	中国银行	36.6	美国道富	−6.1
17	瑞银集团	99.6	瑞银集团	35.7	瑞银集团	−11.4
18	渣打银行	88.7	摩根士丹利	35.6	荷兰国际	−14.2

---

　　① 外资银行境外利润数值统一按资产负债表日汇率换算为人民币。巴黎银行、德意志银行、巴克莱银行、三井住友、法国 BPCE 银行集团、联合信贷和美国富国因为 2016 年境外利润相关数据缺失，不参加此处排名。此外，本节"利润"指"税前利润"。

排名	境外利润总量（亿元）		境外利润占比（%）		境外利润增速（%）	
19	美国道富	72.7	摩根大通	21.8	汇丰银行	−18.5
20	中国建设银行	67.7	美国银行	10.9	高盛集团	−21.9
21	中国农业银行	22.1	中国工商银行	8.5	苏格兰皇家银行	−36.1
22	苏格兰皇家银行	−159.8	中国建设银行	2.3	三菱日联	−41.0
23	瑞士瑞信	−298.4	中国农业银行	1.0	中国农业银行	−59.2

资料来源：浙大 CIFI，各行 2016 年年报。

（1）境外利润占比提升，增速多区段趋同

首先，境外利润总量排名基本保持不变，最高值与最低值的差距有所拉大。汇丰银行虽然从 2015 年的 1182.6 亿元跌落到 2016 年的 964.1 亿元，但是仍然稳居榜首，与后来居上排名第二的中国银行拉开超过 150 亿元的差距。西班牙国际则因为境外利润增长不够强劲而被中国银行赶超。2015 年位列前十的银行中，三菱日联与北欧联合因为利润总量下降而排名下滑；而中国银行、花旗集团和摩根大通则因为不同幅度的增长，排名有所上升。其中，中国银行从 547.5 亿元增长到 813.9 亿元，跃居第二，引领发展，值得肯定。此外，苏格兰皇家银行、瑞士瑞信分别以 −159.8 亿元、−298.4 亿元居排名末两位，与榜首银行拉开较大差距。可见，相比于 2015 年，2016 年两极分化趋于严重。

其次，境外利润占比整体呈增长态势。汇丰银行和瑞士瑞信分别以 195.2%、193.2% 逼近 200%，渣打银行虽然同比 2015 年有所下降，但是仍然以 116.8% 保持在 100% 以上。有 10 家全球系统重要性银行的境外利润占比都在 50% 以上，境外盈利能力总体可观。但在这样的形势下，仍不应盲目乐观，因为

个别银行境外利润占比的提升与其境内外总利润的下降有较大程度的关联。如汇丰银行境外利润占比在同比大幅度提升的同时，其境外利润增速为 –18.5%，总利润的负增长幅度则将近 60%。而因为境外利润的负增长幅度远小于境内外总利润的负增长幅度，故其境外利润占比的数值表现看似较为良好。

最后，境外利润增速向零线回归，出现多区段集中和个别极端值的现象。中国银行和日本瑞穗均以 48.6% 左右的增速排名榜首，相比于 2015 年三菱日联和巴黎银行分别以 310.7%、82.7% 排名第一、二，2016 年增长情况有所放缓。排名前四的银行的境外利润增速均处于 45%~50% 区间，排名位于第 9~13 的银行的这一增速均在 5%~10% 区间，各区段分布比较集中，这与 2015 年较零散的增速分布有显著差异，说明 2016 年不同银行境外利润增长已有一定的趋同现象。另外，两家排名靠后的全球系统重要性银行引人注目：三菱日联从 2015 年310.7% 的境外利润增速跌落到 2016 年的 –41.0%，呈现巨大逆转，这与急剧变化的国际政治形势及其导致的市场波动、日本普遍为负的存贷款利率、该行自身的经营策略有关。苏格兰皇家银行连续三年境外利润增长为负，2016 年虽然比2015 年有所好转，但是仍以 –36.1% 排名倒数第三，这主要与其成本巨大的法律诉讼、资产重组问题以及低利率的经济环境、英国脱欧的负面影响有关。

（2）外资银行平均境外利润下降，中资银行实现反超

2012—2015 年，中外资全球系统重要性银行境外利润总量平均水平十分靠近，外资银行一直略高于中资银行。2016 年，这一形势得以扭转，中资银行平均以 302.99 亿元反超外资银行 221.44 亿元的平均水平，优势较为明显（见图3–16）。

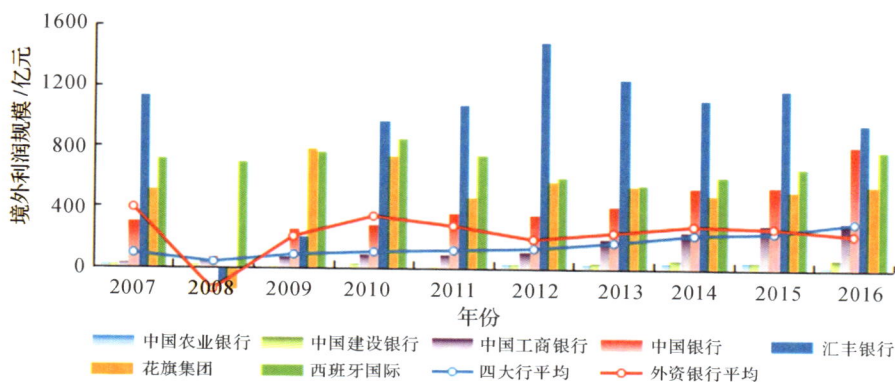

图 3-16　2007—2016 年中外资全球系统重要性银行境外利润规模

资料来源：浙大 CIFI，各行 2007—2016 年历年年报。

　　具体来看，2008 年金融危机对外资全球系统重要性银行境外利润的负面冲击普遍较大，外资银行平均利润水平当年下跳近 540 亿元，从盈利进入亏损状态，而中资银行因为境外业务规模远小于外资银行，受到影响较小，利润总量虽也有所下降，但是仍然勉强处于正区间。之后，中资银行境外利润水平逐年增长，较为稳定，外资银行境外利润则在 2010 年之后又有所下降。2011—2012 年，中外资银行平均利润水平之间的差距明显减小。因为外资全球系统重要性银行的总部所在地以欧美国家为主，欧洲是它们比较重要的境外投资区域，而近年来欧洲相对动荡的政治经济环境对这些外资银行造成了较大的冲击。2012 年以后，外资银行境外利润虽然开始恢复增长，但是增速十分缓慢，到 2014 年又进入下坡。相反地，中资银行因为将境外布局主要放在亚太地区，政治经济变化造成的负面冲击相对较小，同时因为境内经济稳健发展，对外投资需求比较强劲，所以在境外营业经验不断积累的基础上，境外利润总量稳定增长。2015 年中外资银行平均水平之间的差距仅为 30 亿元左右，2016 年中资银行平均水平便实现了对外资银行的反超。不过，四家中资全球系统重要性银行之间差距较大，中国银行境外利润总量处于世界领先地位，而其后的中国工商银行则不到中国银行的 1/2，中国建设银行和中国农业银行更是在 23 家全球系统重要性银行境外利润总量排名中处于靠后的位置。

图 3-17 显示，外资银行境外利润占比波动较大，中资银行则一直处于低位稳定状态。2008 年和 2011 年，外资银行平均境外利润占比显著由正转负，这往往是因为当年境外经营出现亏损，其中 2011 年外资银行平均境外利润占比更是跌破了 -100% 的占比线，说明当年境外亏损超过了境内外利润总量。2013—2016 年，外资银行已经恢复并走入缓慢而稳定的增长期。而中资银行境外利润占比 2009—2014 年一直徘徊在 7% 左右，波动较小，2015—2016 年有所增长，特别是 2016 年突破 10%，以 12.09% 实现了近 4% 的增长。但是，中外资银行之间的差距仍然较大，汇丰银行和中国银行分别在外资和中资全球系统重要性银行境外利润占比中领先，近年来两者一直维持着 70% 以上的差距，2016 年的差距更是高达近 160%。

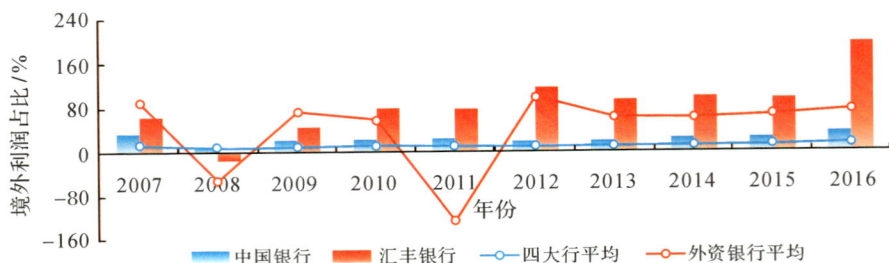

图 3-17 2007—2016 年中外资全球系统重要性银行境外利润占比

资料来源：浙大 CIFI，各行 2007—2016 年历年年报。

中外资银行境外利润增速波动均较大。2014—2016 年，中资银行增速趋于稳定，而外资银行增速则波动仍较强（见图 3-18）。自 2008 年金融危机以来，全球政治经济形势变化较大，全球系统重要性银行境外利润增速受到多重事件的影响而波动不定。其中，中资银行因为国际化经验不足，在 2013 年之前平均增速波动幅度均大于外资银行平均水平。而近年来，中资银行平均境外利润增速维持在零线附近的现象，一方面说明境外经营情况比较稳定，另一方面也反映出境外盈利空间有待拓展的现实。外资银行则在 2016 年受到国际宏观因素负面影响较大，其境外利润平均水平再次由零线附近进入负区间，接近 -200%，远低于中资银行平均水平。

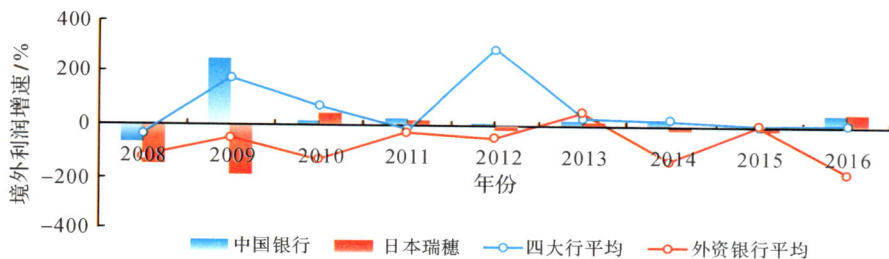

图 3-18　2008—2016 年中外资全球系统重要性银行境外利润增速

资料来源：浙大 CIFI，各行 2008—2016 年历年年报。

3.3.3　境外总资产利润率整体下降，中资银行略高于外资银行

境外总资产利润率指每单位境外资产所获得的境外税前利润量，它反映了运用境外资本获取盈利的能力。图 3-19 展示了 2007—2016 年中外资全球系统重要性银行境外总资产利润率的平均水平以及三家表现较好的外资银行、四家中资银行的境外总资产利润率情况。

图 3-19　2007—2016 年部分全球系统重要性银行境外总资产利润率

资料来源：浙大 CIFI，各行 2007—2016 年历年年报。

　　自 2007 年以来，全球系统重要性银行境外总资产利润率呈波动下降态势，2012 年以前波动幅度较大，2012 年以后波动较缓。金融危机对全球系统重要性银行的国际业务造成了较大的负面冲击。2010 年欧债危机的升级扩散更是对外资银行的国际业务造成了二次打击，外资银行境外总资产利润率平均水平连续三年下跌，至 2012 年已接近 2008 年金融危机发生时的低谷值。而在全球经济持续低迷的同时，银行业监管政策不断严格和健全，抑制了银行利润泡沫，有效地维护了增长稳定，所以自 2012 年起，中外资银行境外总资产利润率平均水平的波动都趋于减小。

　　此外，外资银行平均境外总资产利润率低于中资银行水平，而波动幅度大于中资银行水平。外资全球系统重要性银行的国际化业务拓展早于中资银行，经营范围更广，特别是在欧债危机的重灾区有更多的资产部署，所以每单位境外资产承担的盈利风险也大于中资银行，即境外总资产利润率的方差大于中资银行。而中资银行国际化业务规模较小，其境外资产集中部署在亚太地区，包括东亚、东南亚等新兴市场，拥有比较活跃的有效需求，虽然也受到金融危机影响，但是恢复比较迅速，发展比较稳定。2012 年，当外资银行境外总资产利润率平均水平继续滑入低值区的时候，中资银行平均水平已经有所反弹，虽然在 2014 年被外资银行平均水平逼近，但是因为中资银行 2015 年和 2016 年的下降幅度小于外资银行平均水平，其仍然保持在外资银行平均水平之上。

3.4 境外机构布局全球，扩张与收缩并存

境外机构的数量及其所在国家数的多少和增减，都从一定程度上反映出银行的经营策略和国际化水平。国际化水平较高、发展较成熟的全球系统重要性银行，往往具有较高的境外机构占比和机构所在国家数、较低的机构和国家数增速，而国际化水平较低的银行则恰好相反，在境外布局上仍存在较大发展空间。

3.4.1 境外布局广泛，总体趋稳甚至收缩

全球系统重要性银行的分支机构在全球布局比较广泛，基本覆盖东亚、澳大利亚、北美、拉美、欧洲、中东和非洲地区。与 2015 年相比，2016 年全球系统重要性银行的全球布局基本保持不变，多数银行的机构所在国家数为零增长或者负增长，排名情况略有调整（见表 3–11）。

表 3–11 2016 年部分全球系统重要性银行全球布局情况

排名	机构所在国家数（个）		排名	机构所在国家数增速（%）	
1	花旗集团	97	1	三菱日联	25.0
2	汇丰银行	70	2	中国建设银行	15.4

续表

排名	机构所在国家数（个）		排名	机构所在国家数增速（%）	
3	巴黎银行	67	3	美国富国	13.9
4	法国兴业	66	4	中国银行	10.6
5	德意志银行	62	5	北欧联合	6.3
6	法国 BPCE	61	6	联合信贷	5.9
7	摩根大通	60	7	花旗集团	4.3
8	渣打银行	59	8	法国 BPCE	0.0
9	中国银行	52	8	摩根大通	0.0
10	瑞士瑞信	50	8	瑞士瑞信	0.0
10	三菱日联	50	8	瑞士联合	0.0
10	瑞士瑞信	50	8	中国工商银行	0.0
10	法国农业信贷	50	8	荷兰国际	0.0
14	中国工商银行	43	8	日本瑞穗	0.0
15	美国富国	41	8	中国农业银行	0.0
16	荷兰国际	40	16	汇丰银行	−1.4
17	日本瑞穗	38	17	法国农业信贷	−3.8
18	高盛集团	34	18	高盛集团	−5.6
19	中国建设银行	30	19	巴黎银行	−10.7
20	联合信贷	18	20	德意志银行	−11.4
21	北欧联合	17	21	渣打银行	−11.9
22	中国农业银行	15	22	法国兴业	−17.5
23	苏格兰皇家银行	13	23	苏格兰皇家银行	−65.8
24	西班牙国际	11	24	西班牙国际	−72.5

资料来源：浙大 CIFI，各行 2016 年年报。

从银行机构所在国家数看，花旗集团、汇丰银行和巴黎银行依然引领整体发展。其中，2016 年花旗集团相比 2015 年增长 4.3%，覆盖全球近半数国家，蝉联榜首，而汇丰银行和巴黎银行虽分别下降 1.4% 和 10.7%，仍位居第二、三。从银行机构所在国家数的变化情况看，全球系统重要性银行中只有 7 家银行 2016 年同比 2015 年为正增长，且其中前 4 家增速较快的银行总部均位于亚太地区，包括日本、中国和美国，这与亚太地区经济环境相对稳定、消费投资需求大且增长较快有关。其余 8 家银行的机构所在国家数 2016 年同比 2015 年为零增长，9 家同比负增长，这些银行的总部大多位于欧洲。苏格兰皇家银行和西班牙国际银行在机构所在国家数上缩减最为严重，分别为 –65.8% 和 –72.5%。总体上，全球系统重要性银行的全球布局呈现出不再大幅扩展甚至有所收缩的形势，这与全球经济持续低迷、市场体系日益完善、银行全球战略适当调整等因素有关。

金融危机以后，全球经济复苏进程较缓，国际政治不确定性因素仍然较高，特别是难民危机和英国脱欧，给银行的国际业务带来较大压力，总部位于欧洲地区的银行受到的负面影响尤为重大。另外，持续低利率和更加严格的金融监管政策使得银行面临收窄的盈利空间，不少银行因此探索轻资本、低杠杆的经营模式，如西班牙国际银行和苏格兰皇家银行为了去杠杆、降低成本，削减国际业务，撤销部分境外机构。2016 年 5 月，巴黎银行也由于上述原因缩减在亚洲地区的现金股票业务，并剥离印尼业务。

同时，众多全球系统重要性银行在复杂的国际环境中选择优化布局，将业务集中到重点国家和地区。德意志银行在 2015 年宣布的 "2020 战略" 资产重组计划中提到，考虑到部分新兴国家的重要经济增长带动力，其将缩减一些国家的当地业务并把业务集中到重点国家和市场。

3.4.2　境外机构占比稳定，增速整体下降

在境外设立分支机构是银行国际化的一个重要环节，而境外机构的不同种类和级别容易导致不同银行统计口径不一，延续上一期报告[①]的处理方式，本节表格采用"占比"和"增速"这两个指标进行排名。

表 3-12　2016 年部分全球系统重要性银行境外机构占比和增速[②]

排名	境外机构占比（%）		排名	境外机构数量增速（%）	
1	渣打银行	86.6	1	三井住友	7.7
2	西班牙国际	76.2	2	中国农业银行	5.9
3	高盛集团	73.5	3	中国建设银行	3.6
4	花旗集团	72.7	4	日本瑞穗	2.7
5	三菱日联	52.2	5	渣打银行	2.3
6	瑞士联合	47.4	6	瑞士瑞信	2.2
7	联合信贷	43.4	7	中国工商银行	2.0
8	瑞银集团	41.0	8	三菱日联	1.4
9	摩根士丹利	34.3	9	瑞银集团	0.0
10	德意志银行	33.0	9	高盛集团	0.0

[①]　即《2016 中资银行国际化报告——对标国际一流》。

[②]　摩根士丹利因 2015 年境外机构数据缺失，故不参与增速排名；美国富国、北欧联合、法国 BPCE 银行集团、摩根大通、荷兰国际、汇丰银行、巴黎银行、法国兴业、苏格兰皇家银行、法国农业信贷因 2016 年境外机构数据缺失，故不参与境外机构占比和增速排名；三井住友、美国银行因境外机构数据可得，而机构所在国家数数据不可得，故参与境外机构占比和增速排名，不参与 BII、国家数排名。

排名	境外机构占比（%）		排名	境外机构数量增速（%）	
11	日本瑞穗	12.6	11	西班牙国际	−2.5
12	美国银行	7.0	12	德意志银行	−9.0
13	中国银行	5.0	13	中国银行	−10.2
14	三井住友	4.1	14	美国银行	−11.4
15	中国工商银行	2.4	15	联合信贷	−11.9
16	中国建设银行	0.2	16	花旗集团	−13.0
17	中国农业银行	0.1			

资料来源：浙大 CIFI，各行 2016 年年报。

同比 2015 年，2016 年全球系统重要性银行境外机构占比排名较为稳定。如表 3–12 所示，渣打银行、西班牙国际、高盛集团、花旗集团、三菱日联等 5 家银行的境外机构占比均超过 50%，瑞银集团等 4 家总部位于欧洲的全球系统重要性银行和 1 家总部位于美国的银行摩根士丹利的境外机构占比处于 30%~50% 区间，而日本瑞穗等 7 家总部位于亚太地区的银行的境外机构占比排名靠后，其中，中国建设银行和中国农业银行分别以 0.2% 和 0.1% 与排名靠前的银行拉开较大差距。

境外机构数量增速排名情况与占比排名大致呈倒置的关系，即境外机构占比较高的银行一般增速较低，而占比较低的银行一般增速较高。因为境外机构占比较高的银行国际化水平较高，发展空间较小，趋于稳定甚至收缩，故其境外机构数量增速较低，反之则较高。如西班牙国际、高盛集团、花旗集团的境外机构占比排名位居前列，而境外机构数量增速均较低，三井住友、中国农业银行、中国建设银行则因境外机构占比较低而增速可观。

同时，大多数全球系统重要性银行 2016 年的境外机构增速与 2015 年相比出现了一定程度的下降。2016 年，三井住友境外机构数量增速以 7.7% 位居榜首，而 2015 年至少有 4 家全球系统重要性银行的境外机构增速超过 10%。花旗集团、联合信贷等国际化水平较高的银行境外机构数量增速持续为负，同比变化并不明显。增速下降的情形不仅仅与近年来银行国际化水平提高、发展空间变小有关，而且与信息技术的快速发展紧密关联。银行业务数字化发展、传统物理网点和新兴电子银行渠道相互融合等，正在成为银行经营模式改革的趋势之一。

3.4.3 中资银行境外布局扩张，外资银行或有收缩

在全球系统重要性银行全球布局整体稳定甚至收缩的情况下，中资银行却呈现布局扩张的发展趋势，与外资银行的变化情况出现明显的差异。中外资银行境外布局程度的差距正在逐渐缩小。

从银行机构所在国家数来看，全球系统重要性银行中，外资银行的平均水平一直高于中资银行，但是两者之间的差距逐年减少。2007 年外资银行平均约为中资银行平均的 3.6 倍，而到了 2016 年，外资银行平均仅为中资银行平均的 1.4 倍左右（见图 3-20），这与中资银行在境外布局上积极拓展有关。

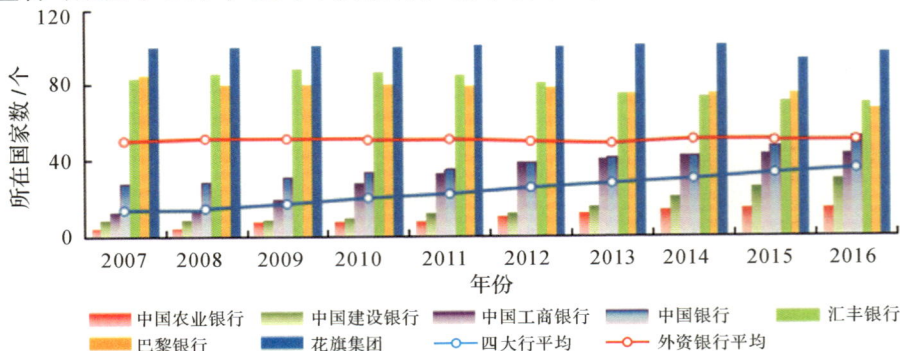

图 3-20 2007—2016 年全球系统重要性银行机构所在国家数

资料来源：浙大 CIFI，各行 2007—2016 年历年年报。

从银行机构所在国家数增速来看，2008 年金融危机以后，中资银行平均水平大幅上跳，外资银行平均水平则有小幅下降，这与全球经济环境、银行自身的国际化战略等有关。2010 年以后，中外资全球系统重要性银行机构所在国家数增速均呈现变缓的趋势，其中，中资银行平均增速一直处于正区间，而外资银行平均增速则在 2012—2014 年为负（见图 3-21）。直到 2016 年，中资银行机构所在国家数平均增速降至 6.5%，与外资银行平均增速的差距缩小为 5% 左右。中资银行的国际布局不断拓展，其发展空间也在逐渐减小，向境外布局处于成熟水平的外资银行靠近。

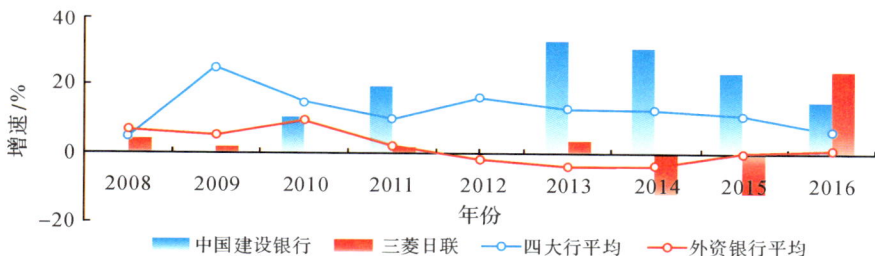

图 3-21　2008—2016 年全球系统重要性银行机构所在国家数增速

资料来源：浙大 CIFI，各行 2008—2016 年历年年报。

从银行境外机构占比来看，中外资银行之间的差距较大。虽然自 2008 年以来，外资全球系统重要性银行境外机构占比平均总体处于下降的趋势，但是仍然与中资银行保持着 40% 以上的差距（见图 3-22）。西班牙国际银行是全球系统重要性银行中境外机构占比较高的银行之一，在 2016 年以 76.2% 的水平位居排名第二。而中国银行则是中资银行中境外机构占比最高的银行，位居全球系统重要性银行境外机构占比排名第 13，与西班牙国际银行相差约 70 个百分点。

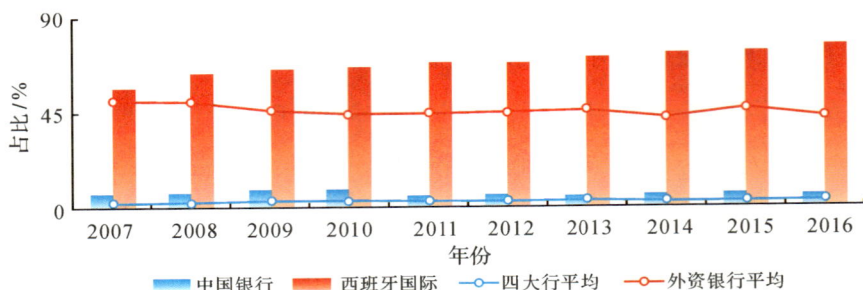

图 3-22　2007—2016 年全球系统重要性银行境外机构占比

资料来源：浙大 CIFI，各行 2007—2016 年历年年报。

从境外机构数量增速来看，中资银行历年增速均值约为 12%，波动较大；外资银行总体处于零值附近，比较稳定。外资全球系统重要性银行因其较成熟的国际布局，境外机构数量变化较小；而中资银行国际化经验尚且不足，受到内外环境影响较大，在"走出去"战略影响下，境外机构数量逐年增加，但是增速波动较大（见图 3-23）。

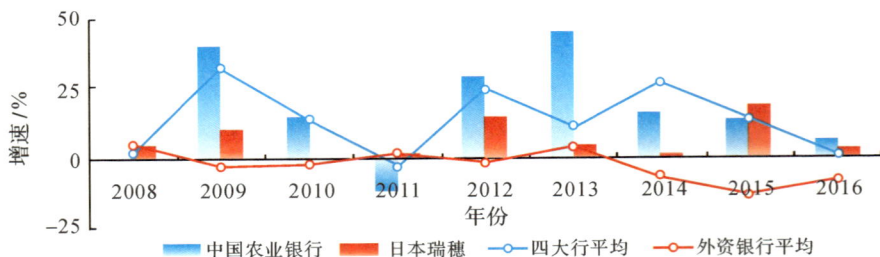

图 3-23　2008—2016 年全球系统重要性银行境外机构增速

资料来源：浙大 CIFI，各行 2008—2016 年历年年报。

　　总而言之，全球系统重要性银行多为全球性金融机构，其国际化水平基本代表了当前银行业机构国际化的最高水平。尽管近年来受世界经济与各行自身政策调整的影响，国际化布局优势收敛，但是悠久的国际发展历史仍然使全球系统重要性银行保持了较高的国际化水平，积累了丰富的全球发展经验，从而具有更为广阔的战略调整空间。中国银行、中国工商银行、中国建设银行与中国农业银行作为中资银行中最具全球影响力的银行，其国际化水平仍与全球系统重要性银行中的其他银行存在差距，一味地实行国际扩张或许太过盲目，但就目前而言，中资银行的国际化仍有较大空间。

第四章　Chapter 4

非系统重要性银行国际化表现各异

　　对系统重要性银行的国际化分析展示了具有广泛影响力的跨国金融企业当前的全球布局状况。基于世界经济发展历史，进入 G-SIBs 名单的银行大多为欧美国家的商业银行，其国际化水平整体偏高。而随着全球经济的发展，越来越多的国家在国际舞台上展现出强劲的发展实力与前景，从环太平洋地区丰富多样的经济体，到 20 世纪 80 年代令人惊艳的亚洲"四小龙"，再到如今逐渐成为世界经济增长新引擎的"金砖国家"，其经济与金融实力不容小觑，其跨国银行的国际化现状亦值得探究。

　　为更好地展现非系统重要性银行的国际化水平，本章选取了 8 个国家共 28 家跨国银行进行国际化分析，其中既包含亚太地区的加拿大、澳大利亚、韩国、新加坡等发达国家，也包括巴西、俄罗斯、印度、南非等新兴市场国家。

表 4-1　非系统重要性跨国银行名单

国家	银行
加拿大	加拿大皇家银行（Royal Bank of Canada）
	道明加拿大信托银行（TD Canada Trust）
	加拿大丰业银行（Bank of Nova Scotia）
	蒙特利尔银行（Bank of Montreal）
	加拿大帝国商业银行（Canadian Imperial Bank of Commerce）
澳大利亚	澳大利亚国民银行（NAB，National Australia Bank）
	澳大利亚联邦银行（CBA，Commonwealth Bank of Australia）
	澳新银行（ANZ，Australia and New Zealand Banking Group）
	西太平洋银行（Westpac，Westpac Banking Corporation）

续表

国家	银行
新加坡	星展银行（DBS, Development Bank of Singapore）
	华侨银行（OCBC, Oversea-Chinese Banking Corporation）
	大华银行（UOB, United Overseas Bank）
韩国	韩国国民银行（KB, Kookmin Bank）
	友利银行（Woori Bank）
	新韩银行（Shinhan Bank）
巴西	布拉德斯科银行（Banco Bradesco）
	伊塔乌联合银行（Itau Unibanco）
	巴西银行（Banco do Brasil）
俄罗斯	俄罗斯联邦储蓄银行（Sberbank）
	俄罗斯联邦外贸银行（Vneshtorbank）
印度	印度国家银行（State Bank of India）
	旁遮普国家银行（Punjab National Bank）
	巴罗达银行（Bank of Baroda）
	印度银行（Bank of India）
南非	南非标准银行（Standard Bank of South Africa）
	第一兰特银行（FSR, FirstRand）
	南非莱利银行（Nedbank）
	南非联合银行（ABSA, Amalgamated Banks of South Africa）

　　加拿大与澳大利亚均为英联邦成员国，经济高度发达，银行业的境内外发展均起步较早；新加坡与韩国作为20世纪80年代亚洲"四小龙"的代表国家，其

97

经济在 20 世纪末经历了快速发展，均在 1997 年被国际货币基金组织认定为发达国家；巴西、俄罗斯、印度、南非则是"金砖国家"的重要成员，代表着新兴市场国家的发展状态。因此，在本章的分析中，将这四个国家的银行统称为新兴市场国家银行。

需要说明的是，由于银行统计数据有所差异，本章各节均将选取数据充足的部分银行进行分析，以达到尽可能全面展示各相关银行国际化现状的目的。[①]

4.1　BII 相对集中，整体表现居于中位

本节选取了 28 家非系统重要性跨国银行中数据较为全面的 17 家银行，对其进行 BII 测算，从当前表现、历史发展及相关对比中寻找其国际化特点。

4.1.1　发达国家银行 BII 排名靠前，BII 跨度较小

表 4-2 为 17 家银行 2015、2016 年的 BII 排名及 BII 变动率情况，除展现各银行国际化水平外，也部分反映了相关国家银行业的国际化特点。

表 4-2　2015 年、2016 年部分非系统重要性跨国银行 BII 排名及 BII 变动率[②]

2016 年 BII 排名	非系统重要性跨国银行	2016 年 BII	2015 年 BII	变动率（%）
1	加拿大丰业银行	39.01 ↑	38.92	0.2
2	新加坡华侨银行	31.82 ↓	31.95	−0.4

---

① 本章各银行数据以各银行集团年报为准。

① 加拿大丰业银行 2015 年与 2016 年数据及俄外贸银行、俄储蓄银行 2016 年数据部分缺失，其 BII 数值根据以前年份合理推算得到，下同。

续表

2016 年 BII 排名	非系统重要性跨国银行	2016 年 BII	2015 年 BII	变动率（%）
3	蒙特利尔银行	30.35 ↑	30.06	1.0
4	大华银行	30.03 ↑	29.50	1.8
5	星展银行	25.61 ↑	25.48	0.5
6	南非标准银行	20.62 ↓	20.73	−0.5
7	巴罗达银行	18.14 ↓	19.56	−7.3
8	俄外贸银行	17.45 ↑	16.76	4.1
9	印度银行	15.18 ↓	17.16	−11.5
10	澳大利亚联邦银行	14.25 ↑	13.94	2.2
11	俄储蓄银行	13.35 ↑	12.93	3.2
12	南非莱利银行	12.17 ↑	10.94	11.2
13	第一兰特银行	11.51 ↓	11.63	−1.0
14	印度国家银行	11.46 ↓	11.78	−2.7
15	旁遮普国家银行	7.65 ↓	7.81	−2.0
16	新韩银行	6.63 ↑	6.58	0.8
17	布拉德斯科银行	3.75 ↓	4.81	−22.0
	平均	18.18 ↓	18.27	−0.5

资料来源：浙大 CIFI。

参与测评的 17 家非系统重要性银行的平均 BII 为 18.18，高于 6 家中资非系统重要性银行的平均水平（3.81），约为 24 家系统重要性银行平均水平（36.25）的一半，国际化水平适中。17 家银行 BII 的整体跨度较小，排名第一的加拿大丰业银行高出排名 17 的布拉德斯科银行 35.26 分（系统重要性银行中，排名第一的渣打银行高出中国农行 62 分），近一半银行的 BII 分布在 10~20 分的区间内，相邻排名间的差距并非十分鲜明。

2016 年的 BII 排名中，加拿大与新加坡的商业银行包揽了前五名，其 BII 分值均在 25 以上，平均水平达 31.36，相当于系统重要性银行的第 15 名（详见第三章）。加拿大丰业银行与蒙特利尔银行的高国际化水平得益于加拿大发达的经济与更早的全球发展战略，而新加坡华侨银行、大华银行、星展银行优秀的境外表现则源于其对亚洲市场的充分发掘，这三家银行所涉足的国家数目均不足 20 个，不到中国银行（52 个）的一半，但其 BII 分值均在 25 以上，与中国银行持平或超过中国银行，反映出其亚洲境外业务的优异表现。其余大部分银行的 BII 表现相近，在 10~20 分的第二排名梯队中，澳大利亚、俄罗斯、印度、南非均有银行出现。值得关注的是，部分新兴市场国家银行的 BII 水平超过了澳大利亚联邦银行的 BII 水平，这也在一定程度上体现了新兴市场国家近年来强劲的金融发展与境外市场开拓表现。此外，因数据有所缺失，韩国与巴西均仅有一家银行参与了 BII 评分。虽然仅从一家银行的 BII 表现中无法看到其所在国家银行业的国际化全貌，但也可见得一斑。新韩银行是韩国最大的商业银行之一，2003 年在美国纽约证券市场上市，截至 2016 年年末，其母公司新韩金融集团在全球 20 个国家建有分支机构并展开运营。从境外布局来看，新韩银行的国家布局与新加坡的三家银行相近，但其境外发展规模与经营成果却远远不及该行国内发展情况，使得其 BII 评分较低。巴西布拉德斯科银行以银行业务和保险业务为主营业务，虽然历史悠久，但其国际化水平较低，截至 2016 年年底，该行在境外拥有 14 个分支机构及代表处。与之相比，巴西银行的国际化水平定然高出许多，这家巴西国有银行在众多世界金融中心建有分支机构，但因数据缺失，未参与本次 BII 测评。

4.1.2　各国 BII 相对稳定，整体呈现上升态势

为更好地理解各银行国际化的发展脉络，我们测算了 2009—2016 年各银行的 BII 数值（见表 4-3）。

表 4-3　2009—2016 年非系统重要性跨国银行 BII 数值及 2016 年排名

银行名称	2009年	2010年	2011年	2012年	2013年	2014年	2015年	2016年	2016年排名
加拿大丰业银行	36.27	35.11	36.56	38.41	38.74	39.11	38.92	39.01	1
新加坡华侨银行	26.75	27.09	27.00	25.92	28.33	31.17	31.95	31.82	2
蒙特利尔银行	23.51	20.50	21.43	26.48	24.79	24.25	30.06	30.35	3
大华银行	25.97	25.95	29.69	29.38	30.21	30.01	29.50	30.03	4
星展银行	27.02	26.70	27.61	26.29	26.78	26.66	25.48	25.61	5
南非标准银行	—	—	—	—	—	19.86	20.73	20.62	6
巴罗达银行	17.42	17.25	18.30	19.13	20.31	20.31	19.56	18.14	7
俄外贸银行	18.02	—	17.29	17.87	16.20	16.71	16.76	17.45	8
印度银行	—	—	14.31	15.63	16.06	16.34	17.16	15.18	9
澳大利亚联邦银行	14.30	12.11	10.56	10.75	11.51	12.85	13.94	14.25	10
俄储蓄银行	—	—	—	9.44	10.57	12.83	12.93	13.35	11
南非莱利银行	11.59	11.59	11.46	11.73	12.88	14.88	10.94	12.17	12
第一兰特银行	8.57	12.99	9.08	8.72	9.96	11.52	11.63	11.51	13
印度国家银行	10.11	10.41	10.59	11.28	11.51	11.73	11.78	11.46	14
旁遮普国家银行	—	—	—	6.08	7.26	6.56	7.81	7.65	15
新韩银行	5.21	4.85	3.85	3.99	4.32	5.08	6.58	6.63	16
布拉德斯科银行	3.36	4.98	6.61	7.20	7.65	7.73	4.81	3.75	17
平均	—	—	—	—	—	18.09	18.27	18.18	

资料来源：浙大 CIFI。

从各银行的 BII 发展脉络来看，银行的国际化水平是一个长期发展的结果。2016 年 BII 排名前五的银行自 2009 年起便始终保持前五位置，BII 值在近年内或有升降，但变动并非十分剧烈（见表 4-3）。而 4 个金砖国家的银行从整体趋势来看，自 2009 年以来，BII 值处于上升阶段，但近年来却出现较为明显的波动。如印度巴罗达银行，从 2009 年的 17.42 上升至 2014 年的最高水平 20.31，增速达 16.59%，但 2015—2016 年 BII 均连续下降，最终至 18.14；印度银行、南非莱利银行、布拉德斯科银行均与之相似。作为世界经济的新兴力量，新兴市场国家虽然在各方面发展速度惊人，但其金融体系较之发达国家不甚完善，在近年来世界宏观经济发展较为曲折时更容易产生波动，银行国际化水平也往往并不稳定。

表 4-4 更为清晰地展现了 17 家银行 2014-2016 年 BII 值的波动情况。2014 年仅有 4 家银行增速（变动率）为负，2015 年有 6 家，2016 年则达到 8 家，接近一半。而在 2016 年增速为负的国家中，除新加坡华侨银行外，其余皆为新兴市场国家银行，这些银行中甚至有 2015 年增速排名第三（19.1%）的旁遮普国家银行。这一方面反映出新兴市场国家银行在境外发展上的确不如发达国家银行稳定，仍然处在开拓与探索阶段；另一方面，结合金砖国家近年的经济发展表现，各国银行在国内经济发展有所波动、经济结构亟须转型的环境下，国际化发展也受到了一定的影响。

表 4-4　2014—2016 年非系统重要性跨国银行 BII 变动率排名

BII 变动率排名	2016 年变动率（%）	银行名称	2015 年变动率（%）	银行名称	2014 年变动率（%）	银行名称
1	11.2	南非莱利银行	29.5	新韩银行	21.4	俄储蓄银行

BII 变动率排名	2016年变动率（%）	银行名称	2015年变动率（%）	银行名称	2014年变动率（%）	银行名称
2	4.1	俄外贸银行	24.0	蒙特利尔银行	17.6	新韩银行
3	3.2	俄储蓄银行	19.1	旁遮普国家银行	15.7	第一兰特银行
4	2.2	澳大利亚联邦银行	8.5	澳大利亚联邦银行	15.5	南非莱利银行
5	1.8	大华银行	5.0	印度银行	11.6	澳大利亚联邦银行
6	1.0	蒙特利尔银行	4.4	南非标准银行	10.0	新加坡华侨银行
7	0.8	新韩银行	2.5	新加坡华侨银行	3.1	俄外贸银行
8	0.5	星展银行	1.0	第一兰特银行	1.9	印度国家银行
9	0.2	加拿大丰业银行	0.8	俄储蓄银行	1.7	印度银行
10	−0.4	新加坡华侨银行	0.4	印度国家银行	1.0	布拉德斯科银行
11	−0.5	南非标准银行	0.3	俄外贸银行	1.0	加拿大丰业银行
12	−1.0	第一兰特银行	−0.5	加拿大丰业银行	0.0	巴罗达银行
13	−2.0	旁遮普国家银行	−1.7	大华银行	−0.4	星展银行
14	−2.7	印度国家银行	−3.7	巴罗达银行	−0.7	大华银行
15	−7.3	巴罗达银行	−4.4	星展银行	−2.2	蒙特利尔银行
16	−11.5	印度银行	−26.5	南非莱利银行	−9.6	旁遮普国家银行
17	−22.0	布拉德斯科银行	−37.8	布拉德斯科银行		

数据来源：浙大 CIFI。

注：南非标准银行无 2013 年数据，无法计算 BII，故无法计算 2014 年变动率。

4.1.3　不同银行 BII 各具特色，新兴国家银行波动较大

在 17 家非系统重要性银行中，可以较为简单地以发达国家银行和新兴市场

国家银行进行区分，其中加拿大、澳大利亚、新加坡、韩国的 7 家银行展现了发达国家银行的国际化水平，巴西、俄罗斯、印度、南非的 10 家银行则反映了新兴市场国家银行的国际化状态。

根据前文已知，发达国家银行基本占据各年 BII 排名的前五位置，其整体 BII 水平也更加稳定一些。表 4-5 对发达国家银行和新兴市场国家银行的 BII 平均水平进行了对比，从中可以发现，2016 年发达国家银行的 BII 水平（25.39）接近新兴国家银行 BII 水平（13.13）的两倍。同时，2016 年 BII 值最高的新兴市场国家银行南非标准银行，其 BII 数值（20.62）也几乎仅为排名第一的加拿大丰业银行（39.01）的一半。相较于系统重要性银行中发达国家与新兴市场国家银行间 BII 的对比（详见第三章），非系统重要性银行中，依然是发达国家银行的国际化水平处于明显优势地位且波动幅度较小。而与之不同的是，系统重要性银行中，以中资银行为代表的新兴市场国家银行的 BII 增速较快，表现优异；非系统重要性银行中的其他金砖国家银行的 BII 波动性则更大，国际化道路的探索更为曲折。

表 4-5　两类银行 BII 平均水平对比

年份	发达国家平均	增速（%）	新兴市场国家平均	增速（%）
2015	25.20	—	13.41	—
2016	25.39	0.7	13.13	−2.1

资料来源：浙大 CIFI。

为了更加直观地展现各类型银行的国际化水平，图 4-1 选取了非系统重要性银行中排名最高三家与最低三家银行以及 4 家中资系统重要性银行，以柱状图展现了其 2016 年 BII 水平，并以折线形式分别描绘出非系统重要性及系统重要性银行中的发达国家和新兴市场国家银行的 BII 平均水平。经过对比可以发现，即使是 BII 表现最好的非系统重要性银行——加拿大丰业银行，其 BII 水平亦不及系统重要性银行中发达国家银行的平均水平（40.69）；而中资银行中表现最佳的中国银行，其 BII 值略高于非系统重要性发达国家银行的平均水平（25.39）；在金砖五国的银行中，中资银行的 BII 平均水平（14.01）与其他金砖四国（13.13）相近，但略高于其他国家，这表明在银行的国际化方面，中资银行相较于其他金砖四国有更为优秀的表现。

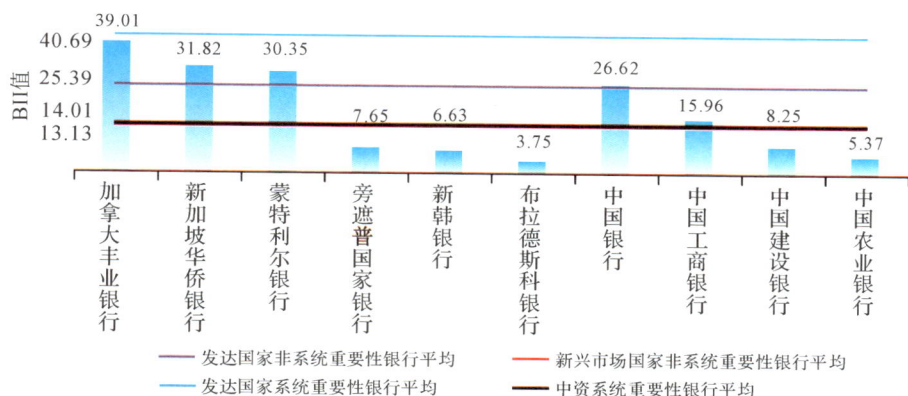

图 4-1　2016 年各类银行 BII 对比

资料来源：浙大 CIFI。

注：纵轴左侧 4 个数字分别对应 4 条横线数值。

在了解各类银行 2016 年 BII 表现的基础上，图 4-2 展现了其近年来 BII 的波动（变动率）情况。总体而言，发达国家银行 BII 的波动性较小，其中，系统重要性银行的波动率更是接近于零值，国际化水平基本达到一个较为稳定的状态。

新兴市场国家银行的国际化增速（变动率）明显高于发达国家，其中，中资银行的增长水平较为稳定，始终保持在发达国家银行的增速之上，而其他金砖四国银行 BII 的增长则有较大波动，2012 年增速达 39.02%，远高于其他三类银行，2013 年又下降至 6.93%，与发达国家 BII 增速接近，近两年增速更是为负，波动十分剧烈。

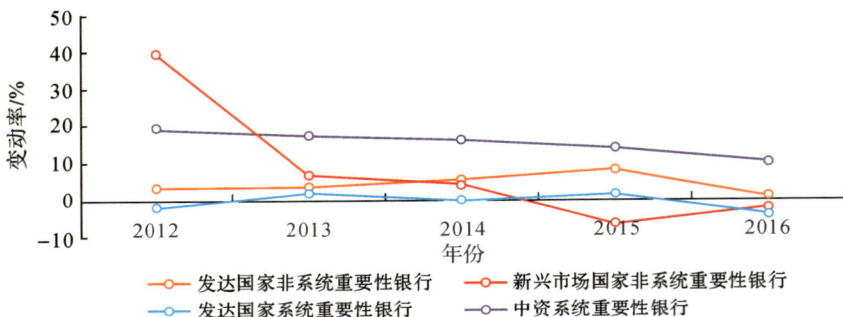

图 4-2　2012—2016 年各类银行 BII 变动率情况

资料来源：浙大 CIFI。

近年来，世界经济发展缓慢，区域风险点不断增加，发达国家银行受益于国内完善的金融发展体系与多年国际发展经验，国际化水平起伏较小，部分银行出现战略性收缩态势。以金砖国家为代表的新兴国家银行在经济发展速度不比以往的同时面临国内经济结构转型的问题，没有强大的金融基础建设支撑，其银行的境外发展便更多地受制于国内外的经济政治环境，波动性更为明显。而在新兴市场国家中，中国本身的发展更为迅猛，其对外开放政策较为连贯，"一带一路"倡议、人民币国际化进程的相继推进，均为中资银行的国际化发展提供了更为良好的环境，中资银行的 BII 表现也相对更加稳定。

4.2　境外资产规模总体上升，发达国家银行优势明显

本节对 BII 指标体系中的资产类相关指标进行汇总分析，以展现非系统重要性跨国银行的境外资产积累情况。同样需要说明的是，在制作 BII 时，非系统重要性银行由于只有上文提到的 17 家银行的所有指标数据齐全，因此只计算和分析这 17 家银行的 BII，但从本节开始的剩余部分将分别对境外资产规模、境外经营成果及境外机构布局等三个方面内容进行分析，若有非系统重要性银行有相应模块数据，我们也会将其放入该模块排名并进行相应分析。此外，由于银行数量众多，无法全部在同一幅图中呈现，因此下文一般情况下将选取相应指标的前几名（或者后几名）银行进行绘图对比分析。

4.2.1　发达国家银行历史悠久，境外资产规模名列前茅

通过对非系统重要性银行 2016 年境外资产总量、境外资产占比及境外资产增速进行统计，得到如表 4–6 所示的排名结果。

表 4–6　2016 年部分非系统重要性银行境外资产情况 [①]

排名	境外资产总量（亿元）	境外资产占比 (%)	境外资产增速（%）
1	道明加拿大信托银行 27507.3	道明加拿大信托银行 46.3	加拿大帝国商业银行 41.73

---

① 外资银行境外资产数值统一按资产负债表日汇率换算为人民币。新韩银行、第一兰特银行因 2016 年境外资产统计标准与其他银行有所不同，计算 BII 使用占比数据，因此不参与 2016 年境外资产总量、境外资产占比及境外资产增速排名；俄外贸银行和俄储蓄银行因 2016 年境外资产数据缺失，计算 BII 使用估算数据，因此不参与 2016 年境外资产总量、境外资产占比及境外资产增速排名。

续表

排名	境外资产总量（亿元）		境外资产占比 (%)		境外资产增速（%）	
2	加拿大丰业银行	18733.6	华侨银行	43.9	南非莱利银行	32.18
3	蒙特利尔银行	14490.4	加拿大丰业银行	41.2	道明加拿大信托银行	18.32
4	澳大利亚国民银行	9952.5	蒙特利尔银行	40.6	大华银行	14.93
5	华侨银行	8638.6	大华银行	37.2	蒙特利尔银行	14.42
6	星展银行	7652.9	星展银行	33.1	澳大利亚联邦银行	13.28
7	澳大利亚联邦银行	7568.1	巴罗达银行	29.7	星展银行	12.09
8	大华银行	5991.7	澳大利亚国民银行	25.4	加拿大丰业银行	11.78
9	加拿大帝国商业银行	4479.3	印度银行	22.9	华侨银行	7.37
10	印度国家银行	3753.5	南非标准银行	20.8	印度国家银行	7.30
11	巴罗达银行	2080.5	加拿大帝国商业银行	17.4	布拉德斯科银行	−3.32
12	南非标准银行	1830.3	澳大利亚联邦银行	16.7	旁遮普国家银行	−9.78
13	印度银行	1409.7	旁遮普国家银行	13.7	澳大利亚国民银行	−10.64
14	布拉德斯科银行	1208.0	印度国家银行	11.2	巴罗达银行	−11.96
15	旁遮普国家银行	979.5	南非莱利银行	9.6	印度银行	−18.79
16	南非莱利银行	467.0	布拉德斯科银行	4.7	南非标准银行	−20.34

资料来源：浙大 CIFI，各行 2016 年年报。

　　尽管在 BII 排名中，有部分发达国家银行的 BII 水平低于新兴市场国家银行，但表 4-6 所示的境外资产情况则明确地反映出发达国家更为悠久的境外发展历史。16 家银行中，9 家发达国家银行的境外资产积累总量均在前列，最低值亦超过 4000 亿元。而新兴市场国家银行中境外资产最高者——印度国家银行，其境外资产总量仍在 4000 亿元以下，可见发达国家银行因境外发展时间更久，境外资产积累的成果更为显著。在境外资产占比上，印度巴罗达银行、印度银行、南非标准银行表现突出，境外资产占比超过20%，进入排名前十。与系统重要性银行中发达国家银行的境外资产规模多有收缩不同，在非系统重要性银行中，大多数发达国家银行均保持着境外资产的正增长，反而是部分新兴市场国家银行的境外资产积累出现了下降。一方面，非系统重要性银行的国际化水平整体低于系统重要性银行，即使是发达国家银行，其境外发展相较于系统重要性银行仍有较大空间。而且表4-6中选择的发达国家为环太平洋国家，而系统重要性银行中的大多数位于欧洲地区，两者所处地域经济发展状况不同（欧洲地区近年来经济表现低迷，而亚太地区新兴市场正蓬勃发展），银行境外拓展的表现也不尽相同。另一方面，新兴市场国家作为经济飞速发展的代表，也意味着其国内金融、国际经验等均有不足，发展中出现波动也属于常见现象。

　　观察非系统重要性银行境外资产规模的历年发展可以发现，发达国家银行与新兴市场国家银行均具有较为明显的增长趋势（见图4-3）。其中，排名第一的道明加拿大信托银行境外资产积累趋势十分明显，2016年的境外资产达27507.3亿元，相比2008年增长一倍有余。境外资产总量排名第16的南非莱利银行2016年的境外资产达467.0亿元，相比2008年增长20.0%，其境外资产最高时达763.5亿元（2014年），当年境外资产增速为47.2%。

　　境外资产规模最高的道明加拿大信托银行的境外资产占比同样排名第一（见图4-4），2008年至今，其境外资产占比水平基本稳定在37%~47%，接近银行资产总量一半，最高时曾是占比排名第16的巴西布拉德斯科银行的9.8倍，最低时也达后者的2.4倍。9家发达国家银行境外资产的平均占比基本维持在32%上下，而新兴市场国家银行则未曾突破30%，且其境外资产占比水平在2008—

2014 年有一个明显增加，而 2015—2016 年则呈下降趋势。结合新兴市场国家银行资产总量的变动情况可见，2015—2016 年其境外资产积累有所下降。

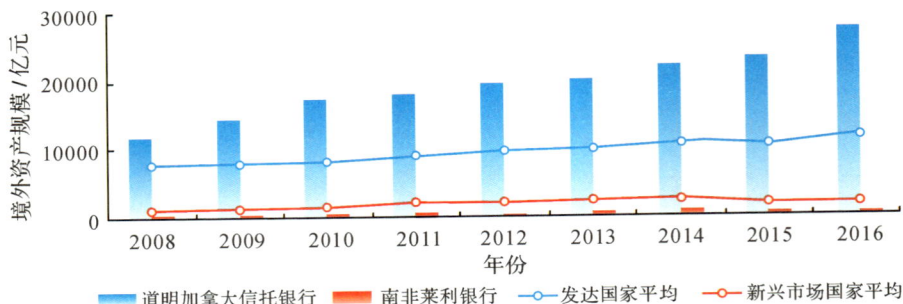

图 4-3　2008—2016 年非系统重要性银行境外资产规模

资料来源：浙大 CIFI，各行 2008—2016 年历年年报。

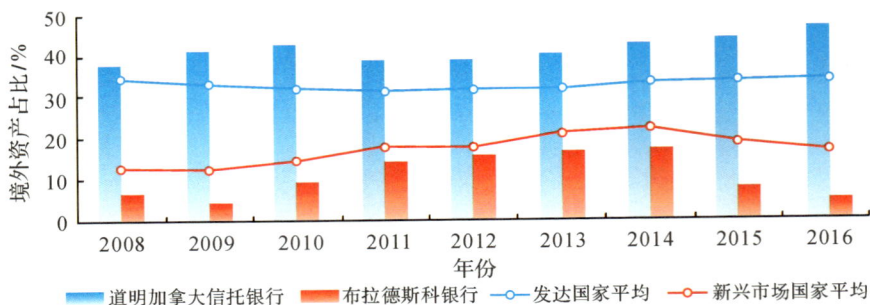

图 4-4　2008—2016 年非系统重要性银行境外资产占比

资料来源：浙大 CIFI，各行 2008—2016 年历年年报。

图 4-5 反映了不同银行境外资产增速的变化。加拿大帝国商业银行自 2013 年境外资产增速由负转正后，便快速提升，至 2016 年以 41.73% 的增速水平位列

第一，反映出其境外扩张的发展战略。印度银行增速基本为正，但 2016 年境外资产积累量减少，减幅达 18.8%，拉低了其排名。总体而言，非系统重要性银行中，新兴市场国家银行境外资产增速的波动更大，银行境外发展的平稳性不如发达国家银行。

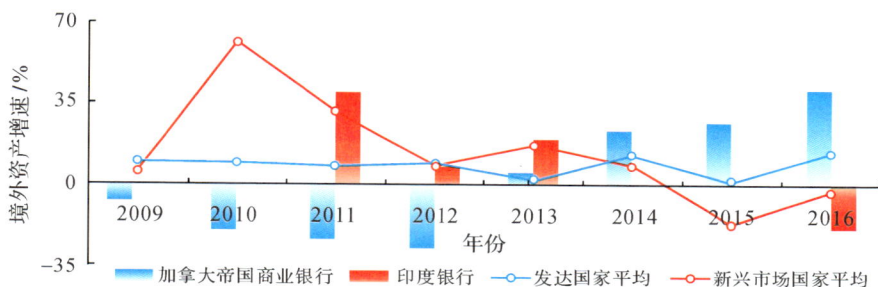

图 4-5　2009—2016 年非系统重要性银行境外资产增速 [①]

资料来源：浙大 CIFI，各行 2009—2016 年历年年报。

注：印度银行 2009—2010 年、2014—2015 年数据缺失。

4.2.2　发达国家银行境外存款表现优异，两类银行差距明显

表 4-7 展现了部分非系统重要性银行 2016 年的境外存款情况。

表 4-7　2016 年部分非系统重要性银行境外存款情况 [②]

排名	境外存款总量（亿元）	境外存款占比 (%)	境外存款增速（%）
1	道明加拿大信托银行　20630.4	道明加拿大信托银行　47.9	加拿大帝国商业银行　33.9

①　因南非标准银行 2009—2013 年境外资产增速数据缺失，本图选择排名第 15 的印度银行作图。

②　外资银行境外存款数值统一按资产负债表日汇率换算为人民币。

续表

排名	境外存款总量（亿元）		境外存款占比 (%)		境外存款增速（%）	
2	加拿大皇家银行	9357.8	蒙特利尔银行	38.8	加拿大皇家银行	31.3
3	蒙特利尔银行	9276.1	加拿大丰业银行	28.9	西太平洋银行	26.6
4	加拿大丰业银行	8937.3	巴罗达银行	27.6	澳大利亚联邦银行	18.8
5	加拿大帝国商业银行	4691.9	加拿大皇家银行	24.5	南非莱利银行	17.5
6	西太平洋银行	4409.7	加拿大帝国商业银行	23.3	道明加拿大信托银行	14.1
7	澳大利亚联邦银行	3555.9	印度银行	21.9	蒙特利尔银行	1.0
8	巴罗达银行	1659.9	第一兰特银行	16.9	加拿大丰业银行	−3.4
9	印度银行	1157.6	西太平洋银行	16.8	印度国家银行	−3.5
10	印度国家银行	1055.4	澳大利亚联邦银行	12.2	第一兰特银行	−5.8
11	第一兰特银行	700.6	旁遮普国家银行	11.9	旁遮普国家银行	−7.6
12	旁遮普国家银行	486.7	南非莱利银行	7.5	巴罗达银行	−10.7
13	布拉德斯科银行	374.6	布拉德斯科银行	7.5	印度银行	−16.0
14	南非莱利银行	289.8	印度国家银行	4.2	布拉德斯科银行	−17.7

资料来源：浙大 CIFI，各行 2016 年年报。

在参与境外存款相关排名的 14 家银行中，发达国家银行与新兴市场国家银行各占一半，且发达国家银行在境外存款总量排名中均名列前茅，境外存款总量均在 3500 亿元以上，而新兴市场国家银行中境外存款最多的银行——巴罗达银行，其境外存款总量仍不到 2000 亿元。境外存款占比中，巴罗达银行与印度银行表现良好，进入排名前 50%，且占比达到 20% 以上。在境外存款增速上，南非莱利银行则是唯一进入排名前五的新兴市场国家银行，2016 年增速达 17.5%。

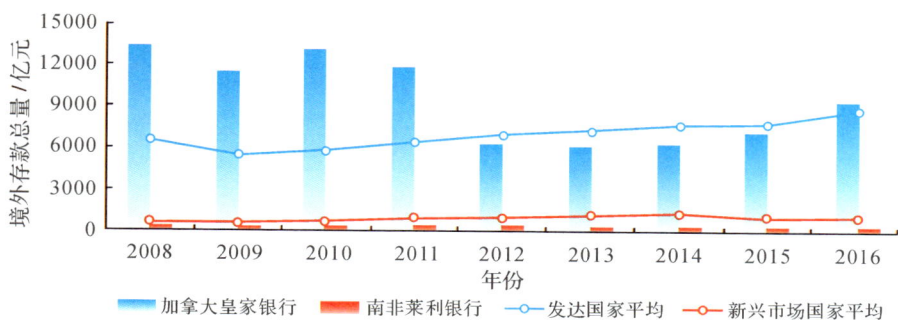

图 4-6　2008—2016 年非系统重要性银行境外存款总量①

资料来源：浙大 CIFI，各行 2008—2016 年历年年报。

　　14 家非系统重要性银行间境外存款总量的差距十分明显（见图 4-6），排名第二的加拿大皇家银行的境外存款总量在 2016 年达 9357.8 亿元，超过南非莱利银行境外存款总量的 30 倍。尽管加拿大皇家银行在 2012 年境外存款总量有明显减少（其占比也从 2011 年的 41.7% 降至 19.5%），但 7 个发达国家银行境外存款的平均水平整体在 2009 年金融危机过后呈现出较为明显的上升趋势。新兴市场国家银行的境外存款也基本上为上升状态，2014 年达到最高值 1194.5 亿元，2015—2016 年有所下降。

　　加拿大"五大行"的境外存款占比整体表现优异，2016 年，占据前六名中的五位，排名第二的蒙特利尔银行，其境外存款占比达 38.8%，是印度国家银行的 9.2 倍。但印度国家银行的境外存款占比在 2014 年达到峰值 14.4%，当年蒙特利尔银行境外存款占比仅为其 2.8 倍（见图 4-7）。而从发达国家和新兴市场国

────────────

　　①　因道明加拿大信托银行 2008—2011 年境外存款数据缺失，本图选择排名第二的加拿大皇家银行作图。

113

家的平均水平来看，两类国家银行境外存款占比之间的差距是趋于缩小的，反映出新兴市场国家银行境外存款在整体存款吸收中重要性的提升。

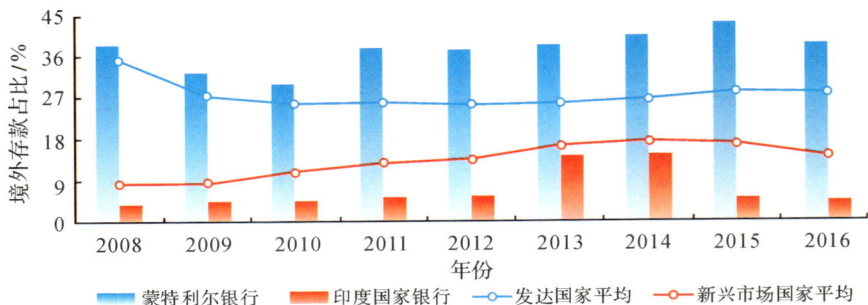

图 4-7　2008—2016 年非系统重要性银行境外存款占比 [①]

资料来源：浙大 CIFI，各行 2008—2016 年历年年报。

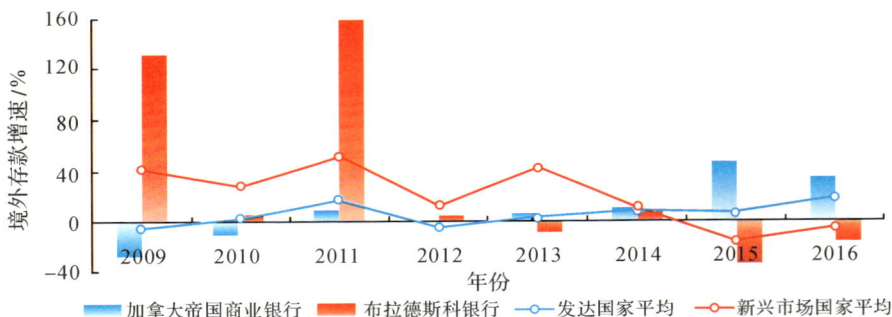

图 4-8　2009—2016 年非系统重要性银行境外存款增速

资料来源：浙大 CIFI，各行 2009—2016 年历年年报。

---

　　①　因道明加拿大信托银行 2008—2011 年境外存款数据缺失，本图以选择排名第二的蒙特利尔银行作图。

境外存款增速指标上，发达国家的境外存款增速相比于新兴市场国家在一个更小的范围内波动，且在近年来呈现出正向扩大趋势，其境外存款的发展更为稳健（见前页图4-8）。近年来，环太平洋地区合作频繁、经贸往来日盛，无论是"一带一路"倡议还是"南北合作"战略，均对这一地区各国企业及金融机构的境外交流与发展有着积极影响。

4.2.3　境外贷款多呈增长态势，两类银行均表现良好

作为境外资产的重要组成部分，境外贷款亦可以体现一家银行在境外的经营规模，同时，因为贷款业务也属于银行利润来源的一部分，大多数银行境外贷款的统计数据较为全面，表4-8展示了22家非系统重要性银行的境外贷款情况。

表4-8　2016年部分非系统重要性银行境外贷款情况 [①]

排名	境外贷款总量（亿元）		境外贷款占比 (%)		境外贷款增速（%）	
1	道明加拿大信托银行	10174.7	华侨银行	57.5	加拿大皇家银行	51.3
2	加拿大丰业银行	8493.3	星展银行	52.0	南非联合银行	50.4
3	星展银行	7606.0	大华银行	44.4	友利银行	34.7
4	蒙特利尔银行	6695.3	蒙特利尔银行	36.8	韩国国民银行	30.0
5	华侨银行	6070.0	加拿大丰业银行	33.9	南非莱利银行	28.9
6	加拿大皇家银行	5355.9	道明加拿大信托银行	33.3	蒙特利尔银行	23.3
7	大华银行	4802.1	印度银行	28.7	西太平洋银行	22.5
8	澳大利亚联邦银行	4755.7	巴罗达银行	28.3	新韩银行	21.0

① 外资银行境外贷款数值统一按资产负债表日汇率换算为人民币。

续表

排名	境外贷款总量（亿元）		境外贷款占比 (%)		境外贷款增速（%）	
9	西太平洋银行	4396.8	南非标准银行	20.6	澳大利亚联邦银行	19.8
10	印度国家银行	2903.1	加拿大皇家银行	19.8	道明加拿大信托银行	19.0
11	俄储蓄银行	2410.5	第一兰特银行	18.3	加拿大帝国商业银行	17.7
12	加拿大帝国商业银行	1553.1	印度国家银行	15.7	大华银行	15.0
13	新韩银行	1521.6	澳大利亚联邦银行	13.7	加拿大丰业银行	11.5
14	巴罗达银行	1079.6	俄储蓄银行	13.1	星展银行	9.3
15	印度银行	1029.9	西太平洋银行	12.9	华侨银行	7.7
16	南非标准银行	1010.1	南非莱利银行	10.8	印度国家银行	5.4
17	友利银行	979.2	加拿大帝国商业银行	9.6	俄储蓄银行	0.3
18	第一兰特银行	676.6	新韩银行	9.6	第一兰特银行	−0.6
19	旁遮普国家银行	546.3	旁遮普国家银行	9.0	旁遮普国家银行	−7.2
20	南非莱利银行	392.0	友利银行	6.6	印度银行	−7.9
21	韩国国民银行	173.1	南非联合银行	2.8	巴罗达银行	−13.5
22	南非联合银行	90.3	韩国国民银行	1.1	南非标准银行	−22.7

资料来源：浙大 CIFI，各行 2016 年年报。

在境外贷款中，较为有趣的一些情况如下：总量上，印度国家银行成了唯一进入排名前十的新兴市场国家银行，这与其境外资产总量排名相符；占比上，新加坡的三家银行包揽前三名，以平均占比 51.3% 的水平远高于其他银行，从一个侧面展现了这三家银行境外贷款业务的发达程度；增速上，南非与韩国的银行表现突出，在前五名中分占两名，增速均在 25% 以上，且 22 家非系统重要性银行中，仅有 5 家银行增速为负，境外贷款业务基本上呈现出较高的增长水平。

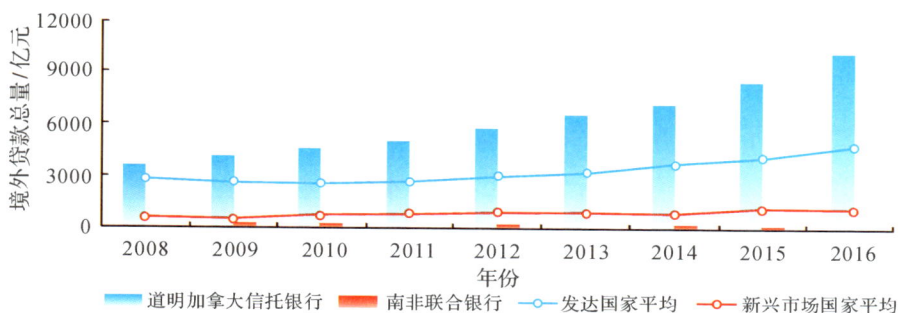

图 4-9 2008—2016 年非系统重要性银行境外贷款总量

资料来源：浙大 CIFI，各行 2008—2016 年历年年报。

非系统重要性银行中，发达国家银行境外贷款总量发展趋势与排名第一的道明加拿大信托银行相似，均保持增长态势（见图 4-9）。2016 年 13 家发达国家银行的平均境外贷款额已达 4813.6 亿元，是 2008 年的 1.75 倍，是 2016 年新兴国家平均境外贷款额的 4.30 倍。新兴市场国家境外贷款水平始终低于发达国家平均水平，尽管也有增长，但与发达国家银行相比，差距依然明显且有所拉大，发达国家银行的境外贷款业务在国际市场中更具竞争力。

图 4-10 2008—2016 年非系统重要性银行境外贷款占比

资料来源：浙大 CIFI，各行 2008—2016 年历年年报。

新加坡华侨银行的境外贷款业务表现突出，自 2009 年以来境外货款占比便始终在 40% 以上（见图 4-10），考虑到新加坡本身国家较小且是重要的国际金融市场，其银行业务的国际性颇高亦是常态。值得注意的是，在境外贷款占比这一指标上，新兴市场国家银行表现亦不俗，平均水平自 2012 后达 15% 以上，与发达国家银行差距最小时，仅相差 4%。可见，新兴市场国家银行在贷款这一主营业务的境外发展上颇有成效。

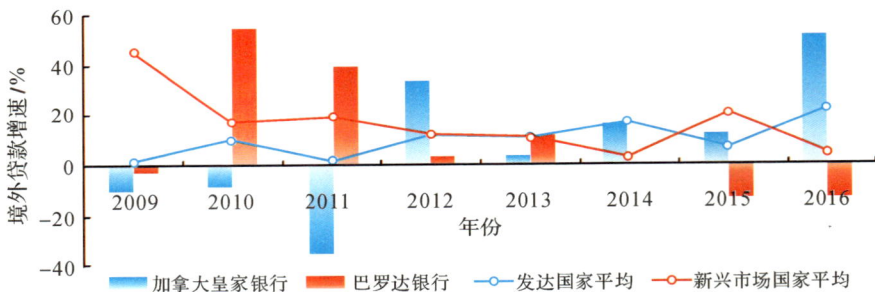

图 4-11　2009—2016 年非系统重要性银行境外贷款增速 ①

资料来源：浙大 CIFI，各行 2009—2016 年历年年报。

发达国家银行与新兴市场国家银行的境外贷款增速时有交叉，相比总量和占比指标，其差异相对较小（见图 4-11）。大多数银行境外贷款呈现增长态势，增速在近几年均有增有减。其中，新兴市场国家的境外贷款增速从 2009 年金融危机时的高位逐渐回落，而发达国家银行的境外贷款增速在近几年则逐步回升。

———————————

① 因南非标准银行 2009—2013 年贷款增速数据缺失，本图选取排名第 21 的巴罗达银行作图。

4.3　境外经营成果稳步积累，经营能力稳健提升

境外经营成果是体现商业银行境外各项活动所获成效的重要指标。银行商业运作应以利润最大化为目标之一，本节重点分析非系统重要性跨国银行的境外营收、境外利润、境外资产利润率等基础指标，以观察不同银行的境外经营成果。

4.3.1　境外营收增速较缓，新兴国家银行表现不俗

相比系统重要性银行，非系统重要性银行的境外营业收入水平普遍偏低，2016 年加拿大皇家银行以 740.6 亿元的境外营业收入位列非系统重要性银行境外营收总量排名的第一位，却仅相当于系统重要性银行中的第 17 名；境外营收占比情况亦如是。此外，25 家非系统重要性银行间的差距间隔变动也较小（见表4-9）。

表 4-9　2016 年部分非系统重要性银行境外营收情况 [①]

排名	境外营收总量（亿元）		境外营收占比 (%)		境外营收增速（%）	
1	加拿大皇家银行	740.6	加拿大丰业银行	47.3	南非莱利银行	155.1
2	道明加拿大信托银行	704.0	大华银行	43.1	俄储蓄银行	102.8
3	加拿大丰业银行	631.1	华侨银行	42.2	伊塔乌联合银行	98.9
4	伊塔乌联合银行	489.7	道明加拿大信托银行	40.6	道明加拿大信托银行	30.1
5	蒙特利尔银行	416.0	蒙特利尔银行	39.1	旁遮普国家银行	29.6
6	澳大利亚联邦银行	378.7	加拿大皇家银行	38.2	韩国国民银行	23.3
7	西太平洋银行	244.9	星展银行	34.4	加拿大皇家银行	18.9

---

① 外资银行境外营收数值统一按资产负债表日汇率换算为人民币。

续表

排名	境外营收总量（亿元）		境外营收占比 (%)		境外营收增速（%）	
8	星展银行	189.4	南非标准银行	30.7	第一兰特银行	18.5
9	澳新银行	188.4	澳新银行	18.0	布拉德斯科银行	16.8
10	俄储蓄银行	177.2	澳大利亚联邦银行	17.3	星展银行	15.4
11	华侨银行	171.7	澳大利亚国民银行	16.3	加拿大丰业银行	14.0
12	南非标准银行	167.8	第一兰特银行	15.7	蒙特利尔银行	13.0
13	大华银行	166.5	加拿大帝国商业银行	14.6	加拿大帝国商业银行	9.4
14	澳大利亚国民银行	150.8	西太平洋银行	12.7	大华银行	7.3
15	印度国家银行	116.6	巴罗达银行	12.3	澳新银行	5.6
16	加拿大帝国商业银行	110.5	俄储蓄银行	11.5	华侨银行	3.8
17	布拉德斯科银行	65.4	印度银行	11.2	澳大利亚联邦银行	3.5
18	巴罗达银行	62.6	伊塔乌联合银行	10.8	巴罗达银行	2.4
19	友利银行	58.5	新韩银行	7.5	澳大利亚国民银行	1.4
20	第一兰特银行	51.7	南非莱利银行	6.7	南非标准银行	−0.2
21	印度银行	50.6	旁遮普国家银行	4.6	新韩银行	−1.2
22	旁遮普国家银行	25.5	友利银行	4.4	西太平洋银行	−3.0
23	南非莱利银行	15.4	印度国家银行	4.0	友利银行	−4.9
24	新韩银行	13.4	布拉德斯科银行	1.8	印度银行	−5.7
25	韩国国民银行	5.2	韩国国民银行	1.2	印度国家银行	−9.2

资料来源：浙大 CIFI，各行 2016 年年报。

在境外营收总量的排名中，巴西伊塔乌联合银行与俄罗斯联邦储蓄银行是仅有的两个进入前十的新兴市场国家银行，但其境外营收占比分别位列第 18 与

16，境外营收相比境内营收而言仍然较弱。在境外营收占比上，依然是加拿大与新加坡的银行表现突出，占据前七，与此同时，澳大利亚的三家银行分列第9~11位，总体表现良好。与资产类指标不同的是，新兴市场国家银行在境外营收增速上表现不俗，前五名占据4位，显示出其日益增长的境外盈利能力。

从图 4-12 中可见，2016 年境外营收总量排名第一的加拿大皇家银行与排名第 25 位的韩国国民银行，两家银行境外营收总量差距较大，2016 年相差 735.4 亿元。与之相比，发达国家与新兴市场国家银行间境外营收的平均水平差距便小了许多，2016 年分别为 278.0 亿元和 122.3 亿元。虽然两者近年来均略有增长，但增速却相差不大，从而导致两者境外营收总量间的差距基本维持在 160 亿元左右。

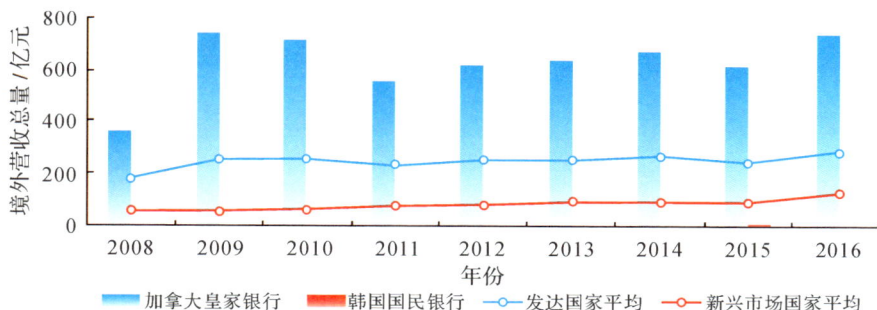

图 4-12　2008—2016 年非系统重要性银行境外营收总量

资料来源：浙大 CIFI，各行 2008—2016 年历年年报。

注：图 4-12 有两家银行，但韩国国民银行数据太小，图中纵轴刻度较大，故不太能看出来。

同样，25 家非系统重要性银行境外营收占比的变化趋势亦不甚明显，发达国家平均水平和新兴市场国家平均水平间的差距也没有显著变化。表现最好的

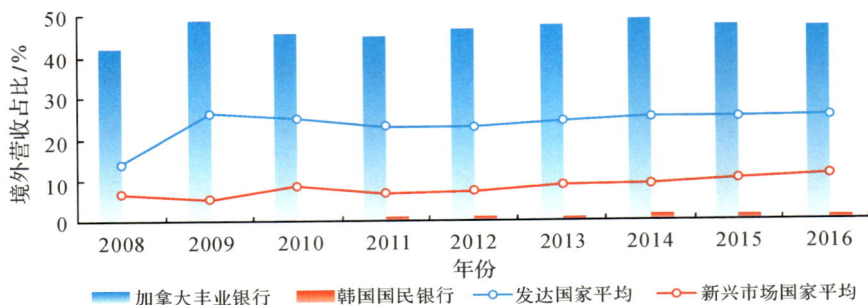

图 4-13 2008—2016 年非系统重要性银行境外营收占比

资料来源：浙大 CIFI，各行 2008—2016 年历年年报。

加拿大丰业银行 2016 年境外营收占比为 47.3%，是发达国家银行平均水平的 1.9 倍（见图 4-13）。新兴市场国家银行中，南非标准银行 2016 年境外营收占比达 30.7%，是唯一超过发达国家银行平均水平的新兴市场国家银行。韩国国民银行境外营收占比与总量均位列第 25 位，其境外经营成果在集团总体经营成果中影响甚微，整个集团仍以韩国市场为主。

图 4-14 2009—2016 年非系统重要性银行境外营收增速

资料来源：浙大 CIFI，各行 2009—2016 年历年年报。

境外营收更直接地反映了当年经营活动的收益情况，因而增速的波动情况较资产类指标更甚，发达国家银行 2009—2016 年境外营收的平均增速接近 10.6%，新兴市场国家银行甚至出现了 40.9% 与 –84.0% 的增速（见图 4–14）。此外，境外营收表现最好的三家银行与表现最差的两家银行均为新兴市场国家银行，可见这些国家银行境外经营状况差距更为鲜明，本身的波动也更明显。

4.3.2　境外利润波动频繁，金融危机影响显著

28 家非系统重要性银行中，关于境外利润的统计数据较少。本节选取了 11 家数据较为全面的银行对其境外利润进行分析，具体如表 4–10 所示。

表 4–10　2016 年部分非系统重要性银行境外利润情况 [①]

排名	境外利润总量（亿元）		境外利润占比 (%)		境外利润增速（%）	
1	道明加拿大信托银行	196.2	印度国家银行	1290.6	道明加拿大信托银行	59.6
2	加拿大皇家银行	167.8	华侨银行	49.6	蒙特利尔银行	29.8
3	加拿大丰业银行	165.2	加拿大丰业银行	44.4	加拿大丰业银行	7.3
4	华侨银行	101.7	大华银行	37.4	加拿大皇家银行	7.1
5	蒙特利尔银行	93.4	道明加拿大信托银行	36.5	华侨银行	2.9
6	大华银行	67.8	蒙特利尔银行	32.3	加拿大帝国商业银行	–1.6
7	星展银行	51.4	加拿大皇家银行	25.0	大华银行	–1.7
8	俄储蓄银行	50.4	星展银行	21.1	南非莱利银行	–14.9

---

① 外资银行境外利润数值统一按资产负债表日汇率换算为人民币。

续表

排名	境外利润总量（亿元）		境外利润占比 (%)		境外利润增速（%）	
9	加拿大帝国商业银行	36.6	加拿大帝国商业银行	14.5	印度国家银行	−24.8
10	印度国家银行	30.3	俄储蓄银行	6.6	星展银行	−30.7
11	南非莱利银行	1.5	南非莱利银行	1.9	俄储蓄银行	−439.3

资料来源：浙大 CIFI，各行 2016 年年报。

　　相对于营业收入而言，境外利润同时结合了银行的境外收入与支出情况，更容易受到周围环境的影响，其波动性也更大。总量方面，依然是加拿大的商业银行排名靠前，其中道明加拿大信托银行表现最好，2016 年境外利润总量达 196.2亿元（见图 4–15）。占比方面，印度国家银行 2016 年因国内利润亏损过高，致使境外利润占比超出正常范围。在其余 10 家银行中，新加坡华侨银行表现最佳，接近 50%。共有五家银行境外利润占比超过 30%。增速方面，排名前五的银行增速为正，但大部分银行增速波动较为剧烈。

图 4–15　2008—2016 年非系统重要性银行境外利润总量

资料来源：浙大 CIFI，各行 2008—2016 年历年年报。

　　11 家非系统重要性银行境外利润的变动充分展现了 2009 年金融危机对银行业国际化成果的影响。2008—2009 年境外利润基本为零，之后出现较为明显的增长趋势，且发达国家银行境外利润的增长更为稳健，表现最佳的道明加拿大信托银行 2016 年境外利润达 196.2 亿元，发达国家平均水平也在 110.0 亿元，是新兴市场国家的 4 倍（见图 4–15）。

　　从境外利润占比来看，发达国家银行平均境外占比水平要高于新兴市场国家银行，2016 年发达国家银行平均占比水平是后者的 7.8 倍。从时间趋势来看，发达国家银行境外利润占比基本围绕 30% 波动，而新兴市场国家银行占比水平在 6.5% 左右，两者虽在 2009 年受金融危机等国际环境影响有显著下降，但之后基本保持稳定。结合总量数据，金融危机后各银行境内外利润均有起色（见图 4–16）。

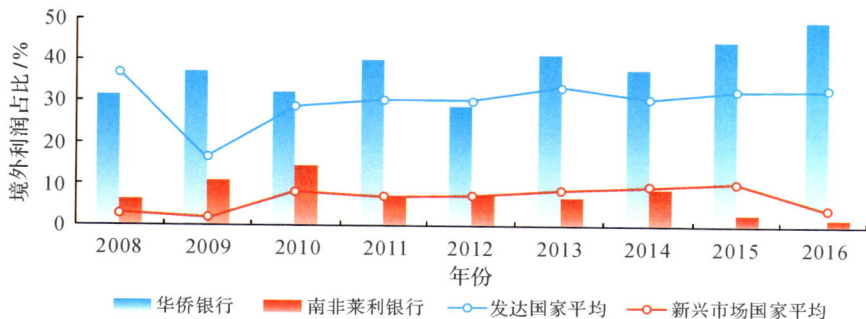

图 4–16　2008—2016 年非系统重要性银行境外利润占比 ①

资料来源：浙大 CIFI，各行 2008—2016 年历年年报。

_____

　　①　因印度国家银行 2016 年境外利润占比具有一定特殊性，本图选取华侨银行作图。

各银行境外利润增速在近年来波动均十分剧烈，发达国家银行 2016 年增速水平为 9.1%，2009—2016 年的平均增速为 11.3%；新兴市场国家银行 2016 年增速水平为 –159.7%，2009—2016 年的平均增速为 –56.7%（见图 4–17）。尽管这一数据受到银行数目限制而不能代表非系统重要性银行全貌，但也可以反映出，相比资产类指标，经营成果类指标对银行生存与竞争环境、政策与发展战略更为敏感，且银行自身发展能力与境外发展经验越是不足，这种敏感性越强，境外利润各项指标的波动便往往越剧烈。

图 4–17 2009—2016 年非系统重要性银行境外利润增速

资料来源：浙大 CIFI，各行 2009—2016 年历年年报。

4.3.3 境外总资产利润率逐步收敛，盈利能力渐趋稳定

类似于第三章，本节亦通过对境外总资产利润率的测算反映各类银行运用境外资本盈利的能力。图 4–18 分别展示了 2008—2016 年，系统重要性银行与非系统重要性银行中发达国家银行和新兴市场国家银行的境外总资产利润率。

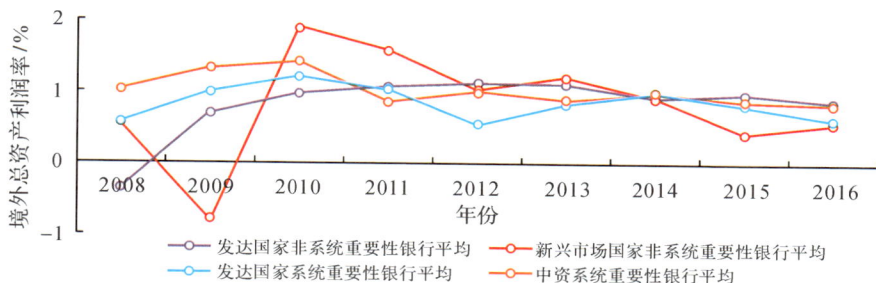

图 4-18　2008—2016 年各类银行境外总资产利润率 ①

资料来源：浙大 CIFI，各行 2008—2016 年历年年报。

对非系统重要性银行而言，发达国家银行自 2008 年后境外总资产利润率开始有所提升，由负转正，且在 2010 年达到 1.0% 的水平后围绕这一水平小幅波动。新兴市场国家银行的境外总资产利润率波动性略高，最高达 1.9%，最低达 -0.8%，但近几年亦趋于稳定，相比 2012 年以前波动性有所收敛，一定程度上反映出其境外经营能力和资产积累状况也在逐步趋于稳定。

总体而言，系统重要性银行的境外总资产利润率比非系统重要性银行更为稳定，多在 1.0% 左右徘徊。非系统重要性银行中，发达国家银行境外总资产利润率的波动情况更接近系统重要性银行，表明这两者的资产盈利能力更为接近。相比于其他金砖四国，中资系统重要性银行的境外总资产利润率表现更为平稳，其境外盈利能力更加稳健。

---

① 因为新兴市场国家银行中仅有中资银行进入 G-SIBs 名单，所以本图中直接用"中资系统重要性银行平均"代替"新兴市场国家系统重要性银行平均"。

4.4　全球布局有序推进，国际化深度有待提高

本章所选取的非系统重要性银行多为环太平洋地区银行，其全球布局相比于系统重要性银行有较大不同，尤其是与具有先天优势的国际性银行相比，境外经营的广度与深度都相对不足。

4.4.1　全球布局基本稳定，整体表现良好

大多数参与统计的非系统重要性银行在 20 多个国家开展境外活动，与 2015年相比，2016 年全球布局情况基本保持不变，接近 80% 的银行，其境外机构所在国家数目为零增长或者负增长（见表 4-11）。

表 4-11　2016 年部分非系统重要性银行机构所在国家数情况

排名	机构所在国家数（个）		排名	机构所在国家数增速（%）	
1	南非莱利银行	39	1	俄外贸银行	22.2
2	加拿大皇家银行	38	2	韩国国民银行	9.1
3	印度国家银行	37	3	友利银行	8.7
4	澳新银行	34	4	澳大利亚联邦银行	6.3
5	友利银行	25	5	新韩银行	5.3
6	巴罗达银行	24	6	加拿大丰业银行	0.0
7	巴西银行	23	6	澳新银行	0.0
8	加拿大丰业银行	22	6	星展银行	0.0
8	伊塔乌联合银行	22	6	华侨银行	0.0
8	俄储蓄银行	22	6	大华银行	0.0

排名	机构所在国家数（个）		排名	机构所在国家数增速（%）	
8	俄外贸银行	22	6	布拉德斯科银行	0.0
8	印度银行	22	6	伊塔乌联合银行	0.0
13	新韩银行	20	6	巴西银行	0.0
13	南非标准银行	20	6	俄储蓄银行	0.0
15	大华银行	19	6	印度国家银行	0.0
16	星展银行	18	6	旁遮普国家银行	0.0
16	华侨银行	18	6	巴罗达银行	0.0
16	第一兰特银行	18	6	印度银行	0.0
19	澳大利亚联邦银行	17	6	第一兰特银行	0.0
20	韩国国民银行	12	6	南非莱利银行	0.0
21	布拉德斯科银行	9	6	南非联合银行	0.0
21	旁遮普国家银行	9	22	南非标准银行	−4.8
23	南非联合银行	2	23	加拿大皇家银行	−5.0

资料来源：浙大 CIFI，各行 2016 年年报。

　　从各银行布局的国家数目来看，非系统重要性银行中，发达国家银行与新兴市场国家银行的国际化水平不再像之前那样泾渭分明，南非莱利银行甚至以 39 个国家的布局数目占据排名榜首。加拿大经济与美国经济密切相关，其国内银行亦多在美国布局，境外资产与收入中有较大比例来源于美国市场，因而，即使并非在大量国家布局，其国际化水平（深度）仍较高。新加坡的三家银行均在 18 ~ 19 个国家内经营业务，这些国家多为亚洲国家，由于新加坡国内市场有限，且金融行业发达，是亚洲重要的国际金融中心之一，其银行虽多在亚洲经营，国际化水平却很高，在一定程度上与欧洲众多银行具有高国际化水平的情形相似。韩国的几家银行境外国家布局较少，且境外资产积累在其金融集团内部占比也十分轻微，其金融业体量已不算小，但总体而言仍然偏重境内业务。

新兴市场国家的银行在境外布局上表现良好，大多数银行均在全球 20 个国家或地区经营相关业务。新兴市场国家间、新兴市场国家与发达国家间的金融合作正在日益增加，新兴市场国家银行有更多的机会进入不同国家。

4.4.2 境外机构占比偏低，国际影响仍需加强

由于境外机构的不同种类和级别容易导致不同银行统计口径不一，延续第三章的处理方式，本节表格采用"占比"和"增速"这两个指标以方便统一。

表 4-12 2016 年部分非系统重要性银行境外机构情况

排名	境外机构占比（%）		排名	境外机构增速（%）	
1	大华银行	85.4	1	伊塔乌联合银行	132.9
2	南非标准银行	75.0	2	友利银行	22.0
3	加拿大丰业银行	64.2	3	第一兰特银行	20.0
4	道明加拿大信托银行	61.1	4	新韩银行	9.3
5	蒙特利尔银行	38.1	5	巴罗达银行	0.9
6	第一兰特银行	20.5	6	布拉德斯科银行	0.0
7	伊塔乌联合银行	12.3	6	旁遮普国家银行	0.0
8	巴罗达银行	1.9	6	印度银行	0.0
9	印度银行	1.2	6	南非联合银行	0.0
10	印度国家银行	1.1	10	加拿大丰业银行	−0.2

排名	境外机构占比（%）		排名	境外机构增速（%）	
11	巴西银行	0.7	11	印度国家银行	−1.5
12	布拉德斯科银行	0.3	12	蒙特利尔银行	−2.7
13	旁遮普国家银行	0.1	13	道明加拿大信托银行	−2.9
			14	大华银行	−3.1
			15	南非标准银行	−10.8

资料来源：浙大 CIFI，各行 2016 年年报。

表 4-12 所统计的各家银行境外机构口径或有不同，但从其占比情况也可看出不同银行间的国际化差异。新加坡大华银行、南非标准银行、加拿大丰业银行、道明加拿大信托银行、蒙特利尔银行分列境外机构占比排名前五，其境外机构的发展相较其他银行更加深入一些。参与统计的 4 家印度银行排名均略靠后，以排名第 10 的印度国家银行为例，尽管其境外机构数目在 2016 年达 195 家，但境内外机构总数达 17365 家，致使境外机构占比仅为 1.1%，其余三家银行情况与此类似。印度商业银行的机构拓展模式与中资银行有所相似，2016 年 4 家系统重要性中资银行境外机构占比 1.5%，6 家非系统重要性中资银行境外机构占比 1.1%，尽管印度与中国的大型商业银行近年来在境外逐渐增加机构分支点，但印度大型商业银行的境内分支体系十分庞大，导致境外机构占比很低，境外布局的深度有待加强。

总体而言，在参与测评的 8 个国家中，大多数银行的全球影响力不如系统重要性银行深远，其全球布局带有较为明显的区域性特点。例如，加拿大的商业银行布局更为广泛，国内五大商业银行的知名度也更高；新加坡的三家银行以亚洲为主要区位，广度虽有局限，深度却不容小觑，整体国际性较高；印度的商业银行全球布局亦在扩展，但其境外机构数量远低于境内机构数量，境外发展深度较浅。28 家非系统重要性银行在 2008 年以来都展现出国际化上升的趋势，但发达国家银行的发展更为稳健，新兴市场国家银行的境外积累、经营成果、全球布局具有较大的波动性，在未来应当采取更加完善、长远的全球发展战略。

百舸争流——
驰骋国际市场的中外资银行

East or West, Home is Best? —
Are Banks Becoming More Global or Local?

第五章　Chapter 5

全球银行国际化总结与展望

2016，世界经济依然深度调整，中国金融坚持深化改革，地区冲突与区域发展同在，风险事件与新兴机遇同现。本期报告从系统重要性银行看到非系统重要性银行，从发达国家银行讲至新兴市场国家银行，希望能够通过最新的数据、最科学的方法，对不同国家、不同地区、不同类型银行的国际化现状进行展现，给出分析，得其感悟。

5.1 全球银行国际化分值跨度较大

本期报告选取了 49 家全球银行参与 BII 测评，既包含资产规模庞大的跨国银行、也囊括初步涉足境外业务的中小型股份制银行，从欧美国家至亚非地区，涵盖范围广泛，BII 变动也颇能展现 2007—2016 年全球银行业的国际化水平波动情况（见图 5-1）。

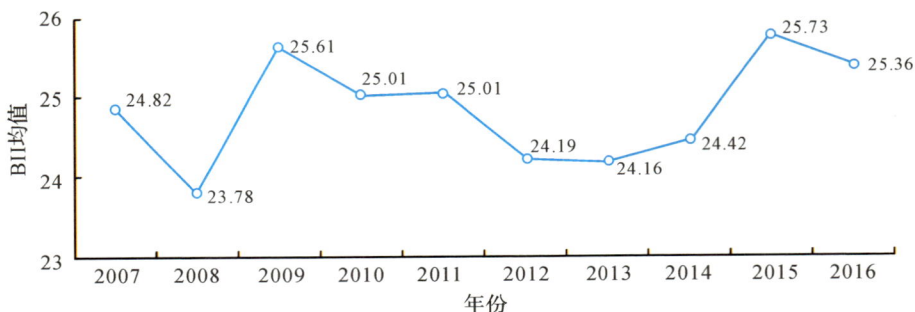

图 5-1 2007—2016 年全球银行业 BII 均值变动情况

资料来源：浙大 CIFI。

2007—2016 年，全球银行业 BII 分值均在 23~26 间波动，自 2009 年金融危机影响逐渐显现并蔓延以来，全球银行业的国际化水平有所下降，但 2015—

2016 年逐步回升。本期报告的 BII 分值以境外资产积累、境外经营成果、全球布局情况综合得出，欧美国家跨国银行多在 20 世纪 80 年代全球国际化浪潮席卷之时大规模开展跨国活动，进入 21 世纪国际化水平趋稳，且受到近年全球经济低迷的影响国际化战略有所调整或收缩；新兴经济体蓬勃发展，银行的跨国经营正处于探索阶段，有上升趋势却也易受全球经济环境的影响而出现较大波动。两者综合，使得全球银行业的国际化水平多在中等区域徘徊并随全球经济起伏而波动。

表 5-1　全球银行 2016 年 BII 排名 [①]

BII 排名	银行名称	国家	2016 年 BII
1	渣打银行（Standard Chartered）	英国	67.46
2	西班牙国际银行（Santander）	西班牙	56.36
3	汇丰银行（HSBC）	英国	55.37
4	瑞银集团（UBS）	瑞士	54.71
5	德意志银行（Deutsche Bank）	德国	54.47
6	瑞典北欧联合银行（Nordea）	瑞典	52.16
7	花旗集团（Citigroup）	美国	51.77
8	瑞士瑞信银行（Credit Suisse）	瑞士	51.38
9	荷兰国际集团（ING Bank）	荷兰	49.97
10	法国兴业银行（Société Générale）	法国	42.93
11	法国巴黎银行（BNP Paribas）	法国	40.18

---

　　① 摩根士丹利、纽约梅隆银行 2016 年数据缺失，未参与第三章的 BII 排名，但其 2014—2015 年数据较全，为显示其 2014—2016 年的 BII 情况，本表中对其 2016 年的 BII 值进行了合理推算；加拿大丰业银行、俄外贸银行、俄储蓄银行相关年份的 BII 沿用第四章预测数据。

续表

BII 排名	银行名称	国家	2016 年 BII
12	联合信贷集团（Unicredit Group）	意大利	39.92
13	加拿大丰业银行（Bank of Nova Scotia）	加拿大	39.01
14	三菱东京日联银行（Bank of Tokyo-Mitsubishi UFJ）	日本	36.69
15	华侨银行（Oversea-Chinese Banking Corporation）	新加坡	31.82
16	高盛集团（Goldman Sachs）	美国	31.59
17	法国农业信贷银行（Groupe Crédit Agricole）	法国	31.07
18	蒙特利尔银行（Bank of Montreal）	加拿大	30.35
19	大华银行（United Overseas Bank）	新加坡	30.03
20	日本瑞穗金融集团（Mizuho FG）	日本	27.79
21	中国银行（Bank of China）	中国	26.62
22	摩根大通（JP Morgan Chase）	美国	25.95
23	星展银行（Development Bank of Singapore）	新加坡	25.61
24	摩根士丹利（Morgan Stanley）	美国	23.00
25	纽约梅隆银行（Bank of New York Mellon）	美国	20.63
26	南非标准银行（Standard Bank of South Africa）	南非	20.62
27	法国 BPCE 银行集团（Groupe BPCE）	法国	20.39
28	巴罗达银行（Bank of Baroda）	印度	18.14
29	俄外贸银行（Vneshtorbank）	俄罗斯	17.45
30	中国工商银行（Industrial and Commercial Bank of China）	中国	15.96
31	印度银行（Bank of India）	印度	15.18
32	美国银行（Bank of America）	美国	15.08
33	澳大利亚联邦银行（Commonwealth Bank of Australia）	澳大利亚	14.25
34	俄储蓄银行（Sberbank）	俄罗斯	13.35

续表

BII 排名	银行名称	国家	2016 年 BII
35	南非莱利银行（Nedbank）	南非	12.17
36	第一兰特银行（FirstRand）	南非	11.51
37	印度国家银行（State Bank of India）	印度	11.46
38	苏格兰皇家银行（Royal Bank of Scotland）	英国	8.51
39	中国建设银行（China Construction Bank）	中国	8.25
40	交通银行（Bank of Communications）	中国	8.12
41	旁遮普国家银行（Punjab National Bank）	印度	7.65
42	新韩银行（Shinhan Bank）	韩国	6.63
43	中国农业银行（Agricultural Bank of China）	中国	5.37
44	中信银行（China Citic Bank）	中国	3.92
45	布拉德斯科银行（Banco Bradesco）	巴西	3.75
46	上海浦东发展银行（SPD Bank）	中国	2.95
47	招商银行（China Merchants Bank）	中国	2.63
48	光大银行（China Everbright Bank）	中国	1.43
49	广发银行（China Guangfa Bank）	中国	1.01

资料来源：浙大 CIFI。

表 5-2　各类银行 2016 年 BII 十强[①]

BII 排名	全球银行	2016 年 BII	系统重要性银行	2016 年 BII	非系统重要性银行	2016 年 BII
1	渣打银行	67.46	渣打银行	67.46	加拿大丰业银行	39.01

① 本表中发展中国家银行以新兴市场国家银行为代表。

续表

BII 排名	全球银行	2016年 BII	系统重要性银行	2016年 BII	非系统重要性银行	2016年 BII
2	西班牙国际银行	56.36	西班牙国际银行	56.36	华侨银行	31.82
3	汇丰银行	55.37	汇丰银行	55.37	蒙特利尔银行	30.35
4	瑞银集团	54.71	瑞银集团	54.71	大华银行	30.03
5	德意志银行	54.47	德意志银行	54.47	星展银行	25.61
6	瑞典北欧联合银行	52.16	瑞典北欧联合银行	52.16	南非标准银行	20.62
7	花旗集团	51.77	花旗集团	51.77	巴罗达银行	18.14
8	瑞士瑞信银行	51.38	瑞士瑞信银行	51.38	俄外贸银行	17.45
9	荷兰国际集团	49.97	荷兰国际集团	49.97	印度银行	15.18
10	法国兴业银行	42.93	法国兴业银行	42.93	澳大利亚联邦银行	14.25
BII 排名	发达国家银行	2016年 BII	新兴市场国家银行	2016年 BII	中资银行	2016年 BII
1	渣打银行	67.46	中国银行	26.62	中国银行	26.62
2	西班牙国际银行	56.36	南非标准银行	20.62	中国工商银行	15.96
3	汇丰银行	55.37	巴罗达银行	18.14	中国建设银行	8.25
4	瑞银集团	54.71	俄外贸银行	17.45	交通银行	8.12
5	德意志银行	54.47	中国工商银行	15.96	中国农业银行	5.37
6	瑞典北欧联合银行	52.16	印度银行	15.18	中信银行	3.92
7	花旗集团	51.77	俄储蓄银行	13.35	上海浦东发展银行	2.95
8	瑞士瑞信银行	51.38	南非莱利银行	12.17	招商银行	2.63
9	荷兰国际集团	49.97	第一兰特银行	11.51	光大银行	1.43
10	法国兴业银行	42.93	印度国家银行	11.46	广发银行	1.01

资料来源：浙大 CIFI。

发达国家银行的国际化水平相较新兴市场国家（以新兴市场国家为代表）银行整体偏高。2016 年全球银行 BII 分值排前十名的均为发达国家银行与系统重要性银行，且基本上来自欧洲地区；新兴市场国家银行 BII 排前十名中印度、南非各有 3 家，中国、俄罗斯各有 2 家（见表 5-2）。在表 5-1 的 BII 排名中，位列前 20 名的银行均为发达国家银行，其中，法国占 3 家，英国、美国、日本、加拿大、新加坡各占 2 家。新兴市场国家在前 50%（即前 25 名）的排名中仅有中国银行一家处于 21 位，南非标准银行、巴罗达银行、俄外贸银行、中国工商银行则进入了排名前 30 位。除中国银行与南非标准银行外，其余新兴市场国家银行 2016 年的 BII 分值均在 20 以下。

5.2　发达国家银行国际化表现优势显著

参与 BII 评分的发达国家银行共 29 家，来自 14 个国家，新兴市场国家银行共 20 家，来自 5 个国家。

发达国家银行和新兴市场国家银行的国际化水平有显著差距，发达国家银行的 BII 分值大致是新兴市场国家银行的 4 倍，但差距在逐年收窄。根据 BII 测评体系，发达国家银行 BII 分值始终在 30 分以上，新兴市场国家银行 BII 分值 2014—2016 年刚刚超过 10 分。从国际化水平来看，发达国家银行国际化探索早、水平高，短期内不会被新兴市场国家银行超越；从国际化发展来看，发达国家银行 BII 基本持平不变，新兴市场国家银行 BII 总体上持续攀升，反映了其在 2007—2016 年来不断扩大的国际化进程（见图 5-2）。

图 5-2　2007—2016 年发达国家银行、新兴市场国家银行与全球银行 BII 均值

资料来源：浙大 CIFI。

发达国家银行中以欧洲银行业的国际化水平为最高，新兴市场国家银行的国际化水平相距较近，金砖国家平均 BII 分值达 10.38。欧洲银行业 2016 年的平均 BII 为 44.63，显著高于世界其他地区。优异的国际化表现得益于欧洲各国紧密的地理与经济联系，以及早期银行业的先发优势。新兴市场国家银行来自巴西 1 家、俄罗斯 2 家、印度 4 家、中国 10 家、南非 3 家，除中国选取了 5 家大型商业银行与 5 家股份制银行外，其余 4 个国家均选择了该国规模名列前茅的商业银行，各国大银行国际化水平相近，表现尚佳（见图 5-3）。

5.3　系统重要性银行国际化水平引领发展

参与 BII 评分的系统重要性银行共 26 家，来自 11 个国家，非系统重要性银行共 23 家，来自 9 个国家。其中，中国有 4 家银行属于系统重要性银行，6 家银行属于非系统重要性银行。

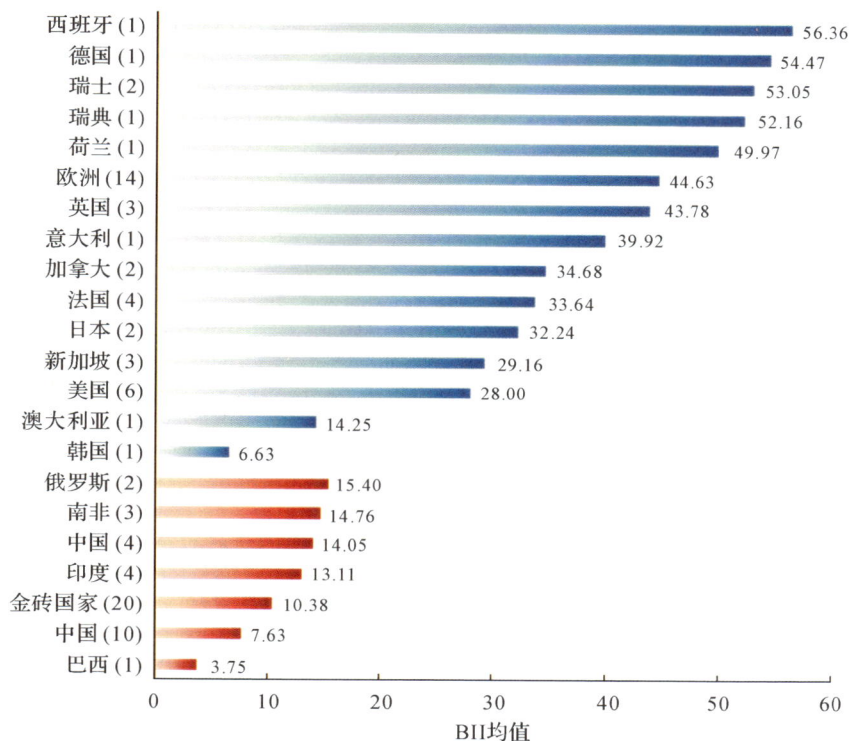

图 5-3　发达国家银行与新兴市场国家银行 2016 年 BII 均值

资料来源：浙大 CIFI。

注：图中蓝色柱为发达国家银行 2016 年 BII 均值，红色柱为新兴市场国家银行 2016 年 BII 均值。纵轴各国／地区名称后数字表示参评银行数目，其中"中国（4）"代表中国四大行 BII 均值，"中国（10）"代表中国全部 10 家参评银行 BII 均值。

　　系统重要性银行的国际化水平始终居于高位，2007—2016 年的 BII 分值大多维持在非系统重要性银行的 2.5 倍左右（见图 5-4）。系统重要性银行中除中国的 4 家银行外，均来自发达国家且国际影响力深远，悠久的国际化历史奠定了这些银行较高的国际化水平。而在本期报告中，非系统重要性银行里亦有来自发达国家的跨国银行，它们虽未进入 G-SIBs 名单，国际发展成果却依然可观，因而平均水平相比新兴市场国家银行仍高出 0.5~1 倍，但其国际化上升趋势不甚明显。

图 5-4　2007—2016 年系统重要性银行、非系统重要性银行与全球银行 BII 均值

资料来源：浙大 CIFI。

系统重要性银行中，西班牙银行（西班牙国际银行）的国际化表现优异，德国、瑞士、瑞典、荷兰 4 国银行的 BII 分值超过英美两国；非系统重要性银行中，加拿大、新加坡银行的国际化水平最佳。中资银行是唯一进入系统重要性银行的新兴市场国家银行，虽然全球影响力较其他新兴市场国家银行获得了更进一步的认可，但中资银行的 BII 平均分值与其他发达国家银行尚有不小差距，仅约为美国 6 家银行平均 BII 的一半。非系统重要性银行中，加拿大与新加坡银行的 BII 表现显著地优于其他国家银行，分别是俄罗斯两家银行 BII 均值的 2.25 倍和 1.89 倍（见图 5-5）。这种情况，从加拿大银行业而言，与其在欧美的广泛布局与深入发展有关；从新加坡银行业而言，是其亚洲业务卓有成效的表现。

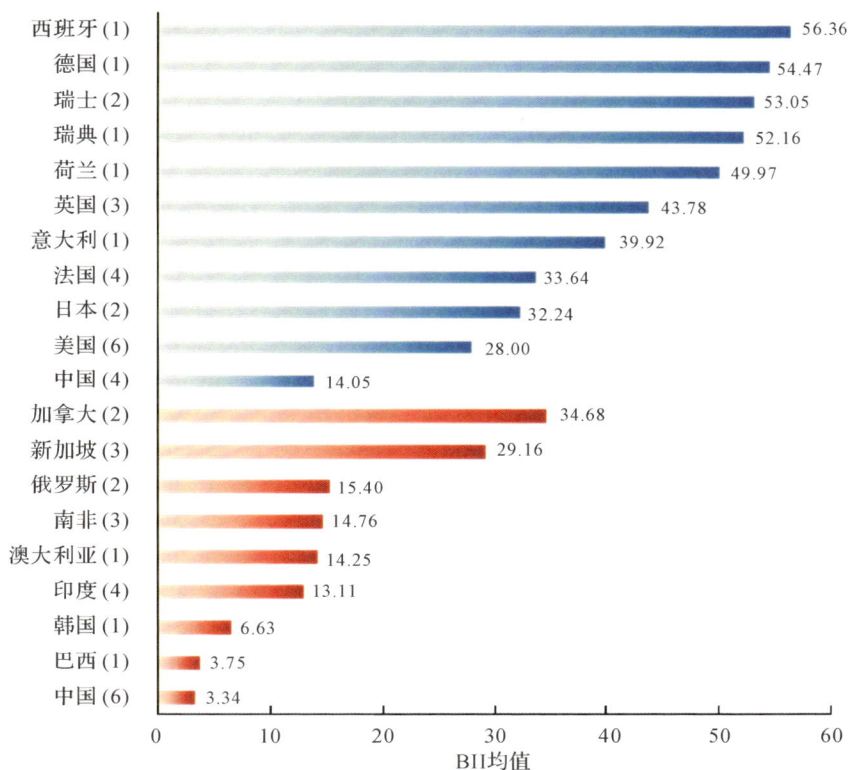

图 5-5　系统重要性银行与非系统重要性银行所属国家 2016 年 BII 均值

资料来源：浙大 CIFI。

注：图中蓝色柱为系统重要性银行 2016 年 BII 均值，红色柱为非系统重要性银行 2016 年 BII 均值。纵轴各国名称后数字表示参评银行数目，其中"中国（4）"代表中国四大行 BII 均值，"中国（6）"代表中国 6 家非系统重要性参评银行 BII 均值。

5.4　不同地区银行国际化活动各具特色

本期报告所包含的银行遍布全球，而最有特色的区域则是欧洲与亚太地区，前者是商业银行的发源地，云集了世界上国际化水平一流的各大银行，后者是新

143

兴市场国家的摇篮，蕴藏着商业银行的巨大市场，而两大区域近年来银行业的发展也有着截然不同的特点。

欧洲地区发达国家众多、经济发达，经济增速则趋缓，银行业风险是其当前不可忽视的重要问题。目前，一些欧洲银行正面临不良贷款率偏高的窘境，信用风险较高。在欧洲央行的负利率政策下，欧洲银行业盈利水平降低，需要依靠衍生品交易获利。过高的衍生品风险敞口，加上落后的坏账处理能力和政府债务拖累等多重压力，又导致风险进一步上升。一旦风险爆发，将导致欧洲甚至全球性危机。

亚太地区（尤其是东南亚地区）国家众多、经济水平较低，但经济增长点始终不减，各地区联系日益紧密，银行业国际化水平与日俱增。亚太地区金融业发展历史、各国关联性均不及欧洲地区，但长期的发展亦使其涌现出了诸如新加坡、中国香港等国际金融中心，地区整体国际金融活动增多。而中国所倡导的"一带一路"也连接了这一区域的众多国家，各国及各地区间的交流愈加频繁，银行国际化发展得到助益。2015年正式成立的亚洲基础设施投资银行（Asian Infrastructure Investment Bank，以下简称"亚投行"），自2016年起各类项目相继展开（见表5-3）。在区域层面上，对亚洲大范围的基础设施建设进行投资，弥补了原有多边金融机构对亚洲基础设施投资的不足，有效地激发了亚洲各国经济发展的潜力，并且加强了不同国家、区域之间的联通合作；在全球层面上，亚投行更好地发挥了新兴市场国家在世界经济和金融治理中的作用。

表5-3　亚投行主要项目情况

发布时间	项目所在国	合作组织	项目内容
2016.1.6	印度尼西亚	世界银行	棚户区改造
2016.7.6	塔吉克斯坦	欧洲复兴开发银行	杜尚别—乌兹别克斯坦边境公路改善
2016.7.6	孟加拉国	—	配电系统升级改造
2016.7.6	巴基斯坦	亚洲开发银行	国家高速公路建设（绍尔果德—哈内瓦尔）
2016.7.7	印度	—	输电系统加固
2016.7.25	巴基斯坦	—	塔贝拉水电站扩建
2016.9.6	哈萨克斯坦	—	中心南路廊道建设
2016.9.29	缅甸	—	燃气发电工程建设
2016.12.9	阿曼	—	腊斯达克姆港口海上基础设施建设
2016.12.9	阿曼	—	铁路系统建设
2016.12.21	阿塞拜疆、土耳其	—	跨安纳托利亚天然气管道工程建设
2017.3.28	印度尼西亚	世界银行	印度尼西亚大坝运行改善及安全工程二期
2017.3.28	印度尼西亚	世界银行	印度尼西亚区域基础设施发展基金项目
2017.3.28	孟加拉国	亚洲开发银行	天然气基础设施及效率改善工程
2017.5.3	印度	—	安德拉州电力设施建设
2017.6.15	印度	—	印度基础设施基金
2017.6.15	格鲁吉亚	亚洲开发银行	巴统公路工程建设
2017.6.15	塔吉克斯坦	世界银行	努列克水电修复工程一期
2017.7.5	印度	—	古吉拉特邦公路建设

资料来源：浙大 CIFI，亚投行官网。

5.5 银行未来国际化道路尚需谨慎

2017 年，世界风险事件依旧未减，各国经济增长各有难题。美国特朗普政府反全球化贸易政策、美联储加息进程、欧洲银行业风险、新兴市场国家经济转型难题，都为银行业未来的发展环境遮上了一层迷雾。未来，各类银行需要更加谨慎地制定国际化战略，选择国际化方式，参与国际化活动。

发达国家银行的国际化发展已然处于较高水平，无论是银行实力还是国际影响力，都可以帮助其在复杂的经济环境中更稳妥地生存下来，但众多银行近年来依然采取了战略调整，海外版图有所收缩。在国内外经济均有所不振，银行无力承担双重压力的境况下，保持一定的收缩弹性亦是对银行整体发展的保护。尤其是欧洲银行业风险日增，降低信用风险、解除银行危机便成了最近一段时间银行发展的重中之重，与之相应的国际化战略则更需稳健。新兴市场国家银行整体处于国际化探索的初级阶段，有着国际化的美好愿景与对国际风险的重重忧虑，其国际化的步伐相对而言是迅速而有力的。但新兴市场国家本身经济发展水平较低、经济结构落后，依托经济快速发展而迅速成长的银行业，在国内经济面临转型期时也更易受到影响。同时，因为没有强大而完善的国内金融市场支撑，缺乏卓越而持久的国际品牌"造势"，这些国家的银行在国内外经济曲折发展的背景下便更易出现动荡，这也是其国际化水平波动区间更广的原因。因而，稳健的国际化战略对这些银行而言便更加重要，它们应当谨记并非全然的国际化发展就是光明坦途，只有适合自身的发展模式才是最好的选择。

银行的国际化活动既从属于自身的发展战略，又受制于国内外的经济或政治环境，当运用得当时，各类区域合作战略将成为银行国际化水平提升的重要契机。

近年来，各类区域性合作均有新的发展动态，各国银行因处于不同的合作框架内而受到不同影响。作为全球最为典型的区域一体化代表，欧盟内部国家间的紧密联系是其他合作联盟所无法比肩的，这也促使欧洲各国银行的国际化程度远远高于其他地区的商业银行。自英国"脱欧公投"以来，欧盟未来的发展便深受人们的关注。2017 年 9 月，欧盟委员会主席容克在欧洲议会发表年度国情咨文，呼吁在欧元区和申根国家开放边界体系的基础上加深欧盟一体化，并提出希望所有欧盟国家都加入欧洲银行业联盟，使银行监管在整个欧盟范围内通用。英国"脱欧公投"时欧洲经济处于发展缓慢且不稳定的阶段，债务危机影响犹在。如今，欧洲经济逐渐向好，但仍然面临着诸如意大利银行业危机、政治不确定性等诸多问题。在此背景下，本身国际化程度已经较高的欧洲银行，其国际化发展必然会慎之又慎，区位布局也可能会多考虑欧洲以外地区。以中国为核心的"一带一路"倡议将亚欧大陆的 65 个国家串联在一起，这一倡议所带来的合作并非像欧盟一样紧密而统一，但却具有更大的地域性和更广的包容性。从政策沟通、设施联通、贸易畅通、资金融通、民心相通出发，"一带一路"倡议希望能够搭建一条由浅入深、互利共赢的合作道路。"陆上丝绸之路"连接了中国内陆众多城市与中西亚、中东欧一带，对中国银行业而言，无论是提供资金支持前期开发工程，还是布局沿线实现多样化服务，均是提高国际化程度的重要方式；对中西亚、中东欧而言，中国政治稳定，经济保持中高速发展，金融市场广阔，在世界经济发展低迷的背景下，通过走向中国拓展境外业务亦不失为一个稳妥的方法。"海上丝绸之路"以香港特别行政区作为重要出海口，延伸至东南亚众多国家，这些经济体小巧而灵活，有着如新加坡这样的重要国际金融市场，对中资银行而言，东南亚地区本就是推进国际化的第一区位选择，"一带一路"倡议将为双方的往来合作带来更多的便利；对东南亚地区国家而言，中国是一个体量庞大的新兴市场国家，具有发展新经济、新金融的愿景与能力，加深与中国市场的合作将是深化其银行业海外发展的重要一步。2017 年，中国担任金砖国家主席国，在金砖国家走过第一个"金色十年"之际，提出并发展了"金砖＋"模式，丰富了金砖国家合作的内涵，拓展了金砖国家的全球伙伴关系网络。作为世界经济增长的"新引擎"，金砖国家注重与其他新兴国家和新兴市场国家合作。2017 年厦门金砖会议期间，中国邀请了拉美地区代表国家墨西哥、阿盟总部所在国埃及、非盟轮值主席国几内亚、东南亚大国之一泰国、中亚国家代表塔吉克斯坦等国的领导人参加对话会，以"金砖＋"的模式帮助广大发展中国家甚至不发达国家反映自身诉求，使金砖国家成为广大发展中国家的代表及利益保护者。"金砖＋"合作也是未来新兴市场国家或发展中国家之间具有活力与前景的合作模式之一，欠发达国家或地区的银行可以借助相关契机在"金砖＋"的"朋友圈"中先行发展，迈出国际化的第一步。

在世界经济风云变幻之际，银行的风险防范能力显得尤为重要。在《2016 中资银行国际化报告——对标国际一流》中，曾对中外资银行的不同国际化风险案例进行了详细解读，并指出在银行的国际化发展中，加强战略规划、防范战略风险，完善风控体系、降低操作风险，熟悉东道国环境、避免国家风险是必不可少的。如今宏观审慎监管在世界范围内持续受到关注，银行综合化混业经营成为重要的利润增长点，金融科技爆发并渗透至普通民众生活各领域，多方面的因素促使商业银行重视对各类新型风险的防范，在追逐新技术、引领新金融消费的同时，避免其可能的危害。

百舸争流——

驰骋国际市场的中外资银行

East or West, Home is Best? —

Are Banks Becoming More Global or Local?

案例 Cases

中资银行跨境并购经验与收获

自 1984 年中国银行收购澳门大丰银行以来，中资银行的跨境并购史已经走过了三十多年。三十多年来，中资银行的并购起伏不断，"成败"常有，每一次并购都是一段故事，每一个故事都引人深思（见案例表 1）。

案例表 1　中资银行跨境并购案例汇总[①]

年份	并购方	被并购方	并购金额	并购结果
1984	中国银行	澳门大丰银行	—	成功
2000	中国工商银行	香港友联银行	18.04 亿港元	成功
2002	中国建设银行	香港大新银行	1.05 亿港元	成功
2003	中国工商银行	华比富通银行	2.76 亿美元	成功
2006	中国建设银行	美银亚洲	97.10 亿港元	成功
2006	中国银行	新加坡飞机租赁有限责任公司	9.65 亿美元	成功
2006	中国工商银行	印尼哈里姆银行	0.10 亿美元	成功
2007	中国工商银行	澳门诚兴银行	5.83 亿美元	成功
2007	中国工商银行	香港 JEC 投资公司	0.18 亿美元	成功
2007	中国工商银行	南非标准银行集团	54.60 亿美元	成功
2007	中国银行	东亚银行	5.10 亿美元	成功
2008	中国工商银行	泰国 ACL 银行	5.50 亿美元	成功
2008	招商银行	香港永隆银行	193.20 亿港元	成功
2008	中国银行	瑞士和瑞达基金公司	0.09 亿瑞士法郎	成功
2008	中国民生银行	美国联合银行	2.04 亿人民币	失败

---

　　① 案例截至 2016 年年末。

年份	并购方	被并购方	并购金额	并购结果
2009	中信银行	中信国金	19.05 亿美元	成功
2009	中国工商银行	加拿大东亚银行	0.73 亿美元	成功
2009	中国建设银行（亚洲）	美国国际信贷（香港）有限公司	0.70 亿美元	成功
2011	中国工商银行	美国东亚银行	1.40 亿美元	成功
2011	中国工商银行	工银泰国	7276848 股普通股及 73533 股优先股（此处暂无法确认金额）	成功
2011	中国工商银行	阿根廷标准银行	约 6.00 亿美元	成功
2011	中国工商银行	工银加拿大（前身为加拿大东亚银行）	约 0.16 亿美元	成功
2013	中国建设银行	巴西 Banco Industriale Comercial S.A.	16.00 亿雷亚尔	成功
2014	中国工商银行	标准银行公众有限公司	7.70 亿美元	成功
2014	上海浦发银行	南亚投资管理有限公司	0.085 亿港元	成功
2014	中国工商银行	永丰商业银行	187.00 亿新台币	成功
2014	中国工商银行	土耳其纺织银行	3.16 亿美元	成功
2014	中信银行	中信国金	约 10.53 亿美元	成功
2015	民生银行	华富国际控股有限公司（华富国际）	50.00~70.00 亿港元	未达成正式协议，于 2016 年 5 月 12 日终止
2015	交通银行	BBM Bank	5.25 亿雷亚尔	成功
2015	中信银行	中信金控	130.90 亿新台币	成功
2015	中国建设银行	印尼 Windu 银行	Windu 银行 60% 股份（此处暂无法确认金额）	成功

续表

年份	并购方	被并购方	并购金额	并购结果
2015	信达金融控股有限公司	中国银行	680.00 亿港元	成功
2016	厦门国际投资有限公司及福建省厦门市私立集美学校委员会	中国银行	76.85 亿港元	成功
2016	光大集团	地拉那国际机场	—	成功

资料来源：浙大 CIFI，各相关银行相关年份年报及官网。

中资银行在 20 世纪 80 年代开始了境外并购的尝试，至今已不下数十起，有的规模庞大，有的方式新颖，有的横跨欧亚，有的触及南美。下方整理了十起各具特色的中资银行跨境并购案例，以更好地了解中资银行跨境并购的历史，总结其境外并购经验。

➤ 案例 1　早期探索：中国工商银行并购香港友联银行

20 世纪 90 年代末到 21 世纪初是中国银行业境外并购的起步阶段，其中，中国工商银行收购香港本地注册、经营陷入困境的上市银行——友联银行并成功使之扭亏为盈的案例，开启了境内商业银行在国际金融中心成功收购上市银行的先河，成为早期中资银行成功进行境外并购的典范。

并购主体

中国工商银行是我国最早推进跨境经营战略，尝试开展境外并购的银行之一。自 1993 年在新加坡成立了第一家境外分行至今，工商银行先后在各大国际金融中心建立了上百家分支机构并逐步走向并购扩张之路。截至 2016 年年底，工商银行已进行了 16 起境外并购项目，位居中资银行之首。此次并购前，工商银行在香港已经拥有了经营批发银行业务和投资银行业务的分行和附属机构。

香港友联银行于 1964 年在香港注册成立，并于 1973 年在香港上市。经过三十多年的发展，截至 1999 年年底，友联银行在香港本地共设有 23 家分行，8 家附属公司，在开曼群岛设有一家海外分行，在上海、深圳设有办事处，总资产达 199 亿港元，股本总数为 415 亿股，其中 53.24% 的股份由招商局集团所持有。

并购过程

20 世纪末亚洲金融危机的冲击打破了亚洲整体经济快速发展的局面，香港友联银行不良贷款有所增加，资产流动性表现较差，尤其是境内的坏账问题比较突出。据 1999 年 8 月公布的中期业绩显示，该行已亏损 5.6 亿港元。为避免友联银行发生支付风险，香港金管局要求友联银行控股股东招商局集团进行注资，并由一家境内大银行为友联银行呆坏账拨备出具担保。1999 年 9 月 30 日，根据招商局集团的申请，工商银行为友联银行的呆坏账拨备出具了总额为 6 亿港元的银行担保书，同时也得到了从招商局集团手里优先收购友联银行股份的承诺。

然而到 1999 年年底，友联银行的亏损仍在进一步增加，此时香港金管局要求友联银行控股股东进一步注资，以巩固友联银行的资产质量，不然便需把股权转让给其他金融机构，以免对银行体系造成影响。此时的招商局集团也受到金融危机影响而很难再向友联银行注入资金，友联银行的经营一度陷入困境。工商银行很快注意到了友联银行的状况，经过与招商局集团的接触与调查，工商银行发现若对友联银行进行收购将有利于其在香港形成批发、零售与投资银行有机结合的业务布局，更好地发挥其在港业务的整体优势。于是，经中国人民银行、证监

153

会、外汇管理局、港澳办等有关部门批准，中国工商银行决定收购招商局集团持有的友联银行的控股股份并着手展开收购行为（见案例图1）。

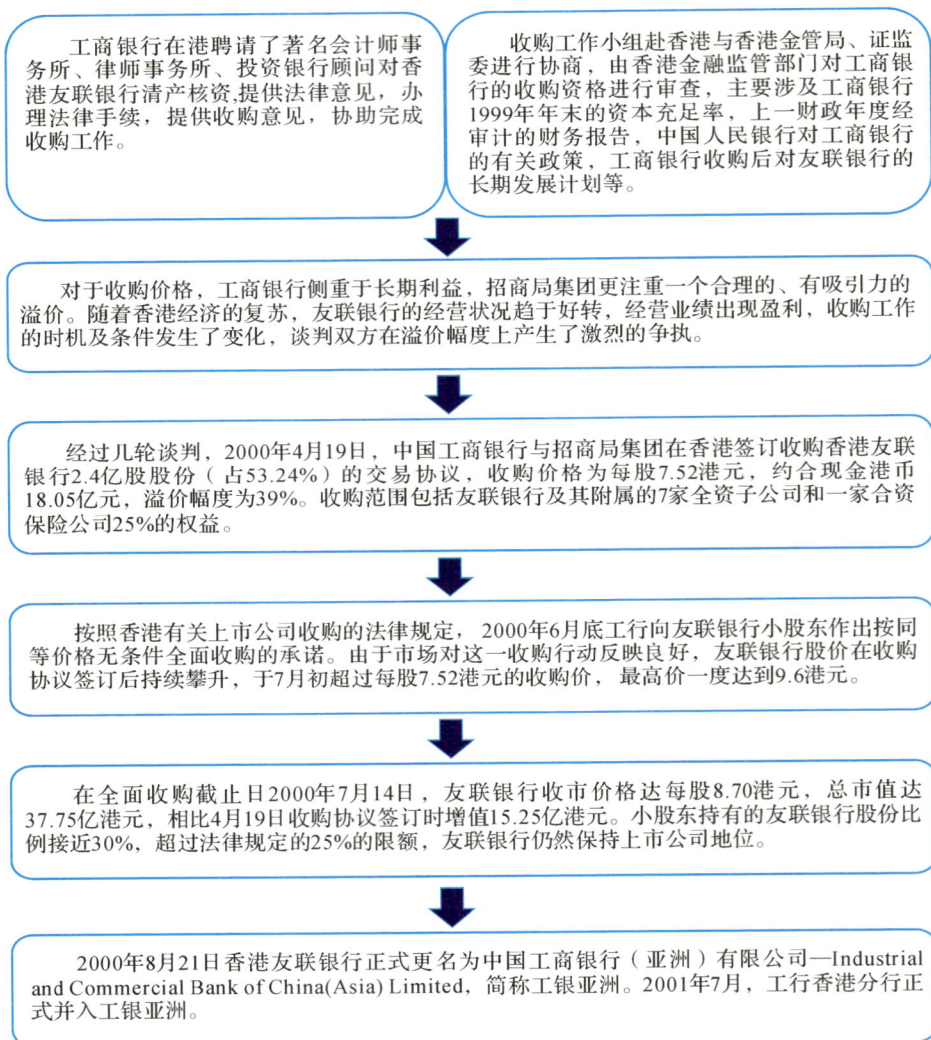

> 工商银行在港聘请了著名会计师事务所、律师事务所、投资银行顾问对香港友联银行清产核资,提供法律意见，办理法律手续，提供收购意见，协助完成收购工作。

> 收购工作小组赴香港与香港金管局、证监委进行协商，由香港金融监管部门对工商银行的收购资格进行审查，主要涉及工商银行1999年年末的资本充足率，上一财政年度经审计的财务报告，中国人民银行对工商银行的有关政策，工商银行收购后对友联银行的长期发展计划等。

> 对于收购价格，工商银行侧重于长期利益，招商局集团更注重一个合理的、有吸引力的溢价。随着香港经济的复苏，友联银行的经营状况趋于好转，经营业绩出现盈利，收购工作的时机及条件发生了变化，谈判双方在溢价幅度上产生了激烈的争执。

> 经过几轮谈判，2000年4月19日，中国工商银行与招商局集团在香港签订收购香港友联银行2.4亿股股份（占53.24%）的交易协议，收购价格为每股7.52港元，约合现金港币18.05亿元，溢价幅度为39%。收购范围包括友联银行及其附属的7家全资子公司和一家合资保险公司25%的权益。

> 按照香港有关上市公司收购的法律规定，2000年6月底工行向友联银行小股东作出按同等价格无条件全面收购的承诺。由于市场对这一收购行动反映良好，友联银行股价在收购协议签订后持续攀升，于7月初超过每股7.52港元的收购价，最高价一度达到9.6港元。

> 在全面收购截止日2000年7月14日，友联银行收市价格达每股8.70港元，总市值达37.75亿港元，相比4月19日收购协议签订时增值15.25亿港元。小股东持有的友联银行股份比例接近30%，超过法律规定的25%的限额，友联银行仍然保持上市公司地位。

> 2000年8月21日香港友联银行正式更名为中国工商银行（亚洲）有限公司—Industrial and Commercial Bank of China(Asia) Limited，简称工银亚洲。2001年7月，工行香港分行正式并入工银亚洲。

案例图1　工商银行并购香港友联银行历程

并购经验与启示

中国工商银行并购香港友联银行，是工商银行推进跨境经营战略、深度拓展香港市场的重要举措。在完成对友联银行的收购后，工行积极采取措施支持和帮助友联银行实现发展。2000 年上半年，友联银行扭转亏损局面，实现了 8400 万港元的利润。

（1）并购应重视树立市场信心

无论进行何种金融活动，相应的市场反应都不容忽视，银行在开展境外并购活动时也不例外。在工商银行并购友联银行案例中，市场投资者的信心是否充足在一定程度上决定了此次并购行为能否成功。由于工商银行收购的友联银行股份超过了 35%，按照香港证监委和联交所的规定，工商银行必须做出全面收购承诺，以保证小股东的利益受到公正、公平的对待。同时，根据香港联交所上市规则，一旦在收购建议截止后公众持有的友联银行已发行股票不足 25%，且如果联交所认为友联银行股份出现或可能出现虚假市场（如小股东少于 100 人），或公众持有的友联银行股份不足以维持一个有序市场，联交所将行使其酌情权，暂停友联银行股票买卖，即友联银行有可能丧失其上市地位。按照友联银行当时的形势，若其想重新上市，最少需要三年的时间，这无疑是两家银行都不愿看到的。因此，工商银行在入股友联银行后市场信心显得尤为重要。为此，工商银行作出了以下努力（见案例图 2）。

利用媒体宣传工商银行的收购行动

在签署收购协议后的两个多月内，工商银行在香港先后召开了三次记者招待会，接受了多家媒体的专访。香港主要媒体除多次集中正面宣传指导收购情况外，还经常刊登一些支持友联银行股价的文章，在公众尤其是小股东中产生了影响，直接推动了友联银行股价上升。

措施

做好董事会、管理层的调整与重组

经香港监管当局批准，工商银行从2000年7月6日起成为友联银行控股股东，并组成以工商银行为主的新一届董事会，对其现有执行委员会及行政管理层的构成也进行了相应调整。董事会、管理层的改组、调整，向社会公众展示了工商银行扭转友联银行经营被动局面、推动其健康发展的决心。

启动支持友联银行发展的各项业务方案

协议签署后，工商银行表示将在业务合作、资金融通、经营管理等方面全力支持友联银行。工商银行将充分发挥其资金实力、机构网络与客户基础方面的优势，提高友联银行整体盈利能力和市场占有率。此外，工行还将在不良资产处理等方面加强同友联银行的合作，协助友联银行追回不良贷款。

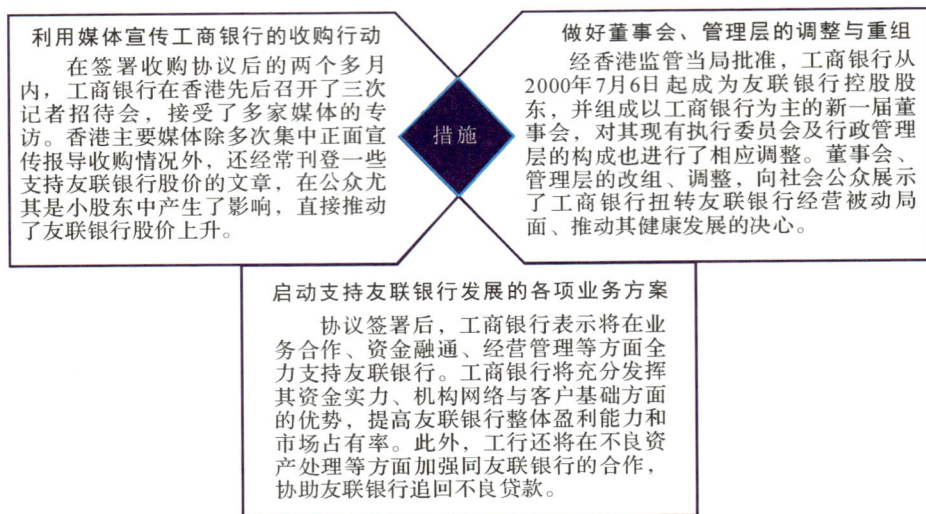

案例图 2 工商银行并购香港友联银行后采取的措施

最终，截至收购完成日 2000 年 7 月 14 日下午 4 时，在作出全面收购承诺的两个星期内，小股东共卖给工商银行 4571 万股股票，占友联银行股票份额的 10.28%。至此工商银行共持有友联银行 70.69% 的股权，完全符合香港监管当局关于控股股东只能持有上市公司 75% 以下股份的要求，维护了友联银行的上市地位，取得了此次并购的成功。

（2）银行可通过境外并购"买壳"上市

银行作为经营货币的企业，要想进一步实现规模扩张，拓展业务发展空间，公开发行股票并上市筹集资金是一条非常好的途径。符合条件的国有独资商业银行可以通过国家控股方式进行股改和上市，而其上市的地点并不一定局限在内地，可以考虑境外上市，如工商银行通过并购友联银行在香港"买壳"上市。此次并购上市既绕过了香港监管当局对新申请上市公司规定的烦琐审批手续，在一定程度上节省了上市的时间与经济成本，同时又有助于工商银行直接涉足国际金融中心上市公司的管理和运作，提前适应各种严格的上市银行管理制度，有效地推动了其在国际市场中的发展。

➤ 案例 2　混合兼并：中国银行并购新加坡飞机租赁有限责任公司

随着世界经济全球化的深入、投融资渠道的拓展、金融创新步伐的加速以及资本市场的不断完善，传统商业银行间的并购已不再是银行并购的唯一选择。2006 年中国银行收购新加坡飞机租赁有限责任公司便是中资商业银行首次对国外非银行资产进行的全资并购。

并购主体

作为并购方的中国银行是五家大型中资商业银行之一，成立于 1912 年 2 月 5 日，其业务范围主要涵盖商业银行、投资银行、保险和航空租赁四大领域[1]，战略定位为在全球化中争取领先[2]。

被并购方新加坡飞机租赁有限责任公司（SALE，Singapore Aircraft Leasing Enterprise）成立于 1993 年。截至 2006 年 12 月，其机队价值在亚洲排名第一，世界排名第八（见案例表 2）。该公司拥有一支由 63 架飞机组成的机队，代表第三方管理 14 架飞机，同时还持有订购 28 架飞机订单和再购买 20 架飞机的选择权。截至 2006 年 12 月，该公司总资产达 34 亿美元。

---

[1]　资料来源：中国银行官网 http://www.boc.cn/aboutboc/ab1/200808/t20080814_978.html。
[2]　资料来源：中国银行官网 http://www.boc.cn/aboutboc/ab1/200808/t20080814_976.html。

案例表 2　截至 2006 年 12 月机队价值排名全球前十的飞机租赁公司

排名	公司	注册地	价值（百万美元）
1	ILFC（国际金融租赁公司）	美国	37306
2	GECAS（通用电气资本航空服务公司）	美国	29836
3	RBS Aviation Capital（RBS 航空资本）	爱尔兰	6721
4	CIT Group（CIT 集团）	美国	6269
5	Babcock & Brown（柏克布朗）	澳大利亚	5105
6	Aviation Capital Group（航空资本集团）	美国	4855
7	Boeing Capital Corporation（波音资产公司）	美国	4489
8	SALE（新加坡飞机租赁有限责任公司）	新加坡	3436
9	Aercap（埃尔凯普）	荷兰	3327
10	Pegasus Aviation（天马航空）	美国	2909

资料来源：浙大 CIFI，《航空商业》2007 年 2 月。

并购过程

2006 年，基于宏观调控政策，中国金融监管部门严格控制贷款扩张，使得中国银行上市募得的巨额资金[①]需要寻找新的投资出口。于是，中国银行进一步扩大多元化金融服务范围，实施了提高非利息收入的总体战略。

与此同时，飞机租赁业处于上升期，飞机租赁价格快速回升。中国银行于 20 世纪 80 年代初期开始涉足飞机融资项目，在该领域拥有一定的经验与优势。因此，进入飞机租赁市场成为中国银行业务多样化的战略选择。SALE 凭借其良

①　2006 年 6 月 1 日和 7 月 5 日，中行分别在香港联合交易所和上海证券交易所成功上市。

好的治理机制、具有增值潜力的飞机认购权、健康且保持盈利的财务指标等优势，成为中国银行拓展飞机租赁业务的潜在平台选择。中国银行并购 SALE 的具体历程如案例表 3 所示。

案例表 3　中国银行并购新加坡飞机租赁有限责任公司的历程

时间	事件
2006.1	受战略合作伙伴苏格兰皇家银行的启发，中行管理层在研究后决定将飞机作为其租赁业务的突破口并正式立项展开前期调研。
2006.1—2006.6	中行决定建立自己主导的飞机租赁公司，在 3 年内成为国内第一，并逐步追赶上亚洲最大的飞机租赁公司，即新加坡飞机租赁有限责任公司。
2006.6	中国银行得知新加坡飞机租赁有限责任公司准备以招标的方式出售股权，将中银国际收购兼并团队和上市顾问瑞士银行调入项目组，决定对新加坡飞机租赁有限责任公司进行收购竞标。
2006.8	中行董事会同意以合资或收购形式在境外成立飞机租赁公司，聘请专业顾问进行客观评估和尽职调查。
2006.11	中国银行、渣打集团、迪拜航空公司和日本三菱集团成为此次并购的最后四家竞购者。
2006.12.14	中国银行宣布通过一家全资附属子公司以 9.65 亿美元的现金收购新加坡飞机租赁有限责任公司 100% 已发行股本 。
2007.7.2	新加坡飞机租赁有限责任公司正式将名称变更为中银航空租赁公司（BOCA）。

资料来源：浙大 CIFI，相关新闻报道。

中国银行在此次并购案例中并非一帆风顺。由于被并购方与竞购者都在第一时间组建了一流的顾问团队，中行不得不面对国际航空租赁领域知名顾问团队几乎被抢聘一空的困境。此外，被并购方几乎完全控制了核心资料和数据，给准确估值带来了极大挑战。

对此，中行委托中银国际帮助组聘用顾问团队，最终选定中银国际、瑞士银行、摩根士丹利担任联席财务顾问，富而德律师事务所和普华永道分别担任法律顾问和会计顾问，并且凭借自身在市场潜力、客户基础、资金支持、机构网络等方面的优势获得了排他性谈判和确认性尽职调查的权利。在独家谈判期间，中行顾问团队重点排查潜在风险并拿风险向卖方摊牌以占据优势，压低价格。2006 年 12 月 12 日深夜，SALE 股东接受了中行的条件。中行最终以 9.65 亿美元的价格将 SALE 纳入旗下，一步到位提前 5 年完成了追赶亚洲最大飞机租赁公司的战略目标[①]。

并购启示

中国银行并购新加坡飞机租赁有限责任公司是中资商业银行首次收购重大的海外全资非银行资产项目，为中资银行推进业务全能化发展提供了典范。从中总结的经验有以下几点。

（1）跨行业并购有助于扩大并购的协同效应

首先，通过此次并购，SALE 为中国银行提供了进入飞机租赁领域的坚实平台，有助于中行先于对手抢占市场份额。对于 SALE 而言，中国银行能够充分运用其在全球已有的客户群体来支持 SALE 在全球航空市场，尤其是中国航空行业的快速发展。其次，在利润和收入上，中行 2007 年中期报告显示，BOCA（即原 SALE）为中行贡献了 1.4 亿美元的营业收入和 4416.3 万美元的税后利润。此次并购还降低了中行外汇资产的风险敞口，提高了其净资产收益率水平和股本净回报率水平（案例表 4）。

---

① 资料来源：和讯股票 http://stock.hexun.com/2007-10-16/100902929_2.html。

案例表 4　2006—2007 年中国银行主要财务指标

主要财务指标	2006 年	2007 年
净资产收益率（ROE）	0.94%	1.09%
股本净回报率（不含少数股东权益）	13.79%	13.85%
股本净回报率（含少数股东权益）	14.19%	14.22%

资料来源：浙大 CIFI，2007 年中国银行年报。

与此同时，此次并购还为中行的股价带来明显利好。如案例图 3 所示，较并购前相比，中行公布收购 SALE 后其开盘均价迅速上涨，并且进入 2007 年后总体上仍保持明显涨势。

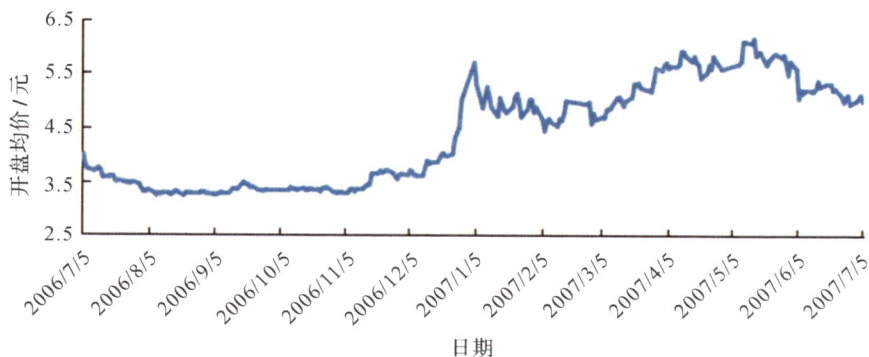

案例图 3　中国银行 2006 年第三季度至 2007 年第二季度开盘均价变动情况

资料来源：浙大 CIFI，网易财经。

（2）跨行业并购有助于增强国际竞争力，提高系统安全性

长期以来中资银行业的利润来源主要为存贷款利差，单一的经营模式会积累较大的经营风险。跨行业并购不仅有助于增加银行主营业务收入来源的多样性，实现产品的交叉销售，优化信贷资产客户，还有助于提高银行的抗风险能力与系统安全性。通过此次并购，中行得以迅速跻身亚洲区域航空市场，极大地增强了其在国际上的竞争力。此次并购所实现的多元化经营目标，也有效地增强了中行抵御风险的能力，提高了银行的系统安全性。

（3）跨行业并购需慎重选择并购目标，控制风险成本

银行在进行跨行业并购时，需要充分考虑并购目标的成长性及其与自身的互补性和战略匹配性。进军飞机租赁业前，中国银行成立了项目组，深入调查研究和论证，并咨询了民航总局、银监会、航空公司和战略投资者等机构，最终决定运营自己主导的飞机租赁公司。在并购过程中，行业异质性常常会给跨行业并购带来较大风险，中行在此次并购中曾面临卖方掌控关键信息的困境与税收不确定等风险，但最终通过合理估值和技巧性谈判有效地控制了并购成本。因此，跨行业并购需要充分审视市场前景，综合考虑自身的财务稳健性、经营管理能力等，以有效控制风险成本。

（4）跨行业并购需重视多方面的整合，提高长期运营效率

不仅在控制风险方面，跨行业并购在整合效率方面也对银行提出了较高要求。中行如无法在并购 SALE 后及时调整相关软硬件资源，实现并购双方业务与文化等多个层面的融合，那么在其长期运营的过程中，矛盾冲突极有可能频繁发生，从而不利于银行的整体发展。因此，跨行业并购要求银行重视多方面的资源整合，增强长期运营的稳健性。

➤ 案例 3　规模庞大：中国工商银行并购南非标准银行集团

银行在进行跨境并购时通过对不同并购对象的价值评估与协商定价，所耗费的资金规模有大有小。在众多中资银行跨境并购案中，中国工商银行以 54.6 亿美元收购南非标准银行 20% 股份的并购案成为目前为止中资银行规模最大的一次跨境并购项目。

并购主体

中国工商银行成立于 1984 年，自 2013 年起连续四年位列英国《银行家》杂志全球前 1000 家银行以及美国《福布斯》全球企业 2000 强榜首。截至 2016 年年末，工商银行总资产达 241372.65 亿元，全年实现净利润 2791 亿元。在境外业务方面，工商银行共有 45 家境外分行及分支机构，366 家境外控股公司及分支机构和 1 家境外中心[①]。

南非标准银行集团（以下简称标准银行）成立于 1962 年。截至 2007 年 6 月 30 日，该行资产总额约为 1620 亿美元，按照一级资本排名，该行位居非洲首位。1970 年，标准银行在约翰内斯堡证券交易所上市，2007 年 10 月 22 日该行总市值约 215 亿美元[②]。标准银行在非洲近 20 个国家设有分支机构，拥有非常广泛的政府和商业资源。标准银行的主要业务包括个人和商业银行、公司和投资银行、财富管理，其重点经营战略为实现非洲大陆业务的持续增长。

---

① 资料来源：中国工商银行官网 http://www.icbc.com.cn。
② 资料来源：和讯网 http://bank.hexun.com/2007-10-26/102011172.html。

并购过程

工商银行自 2006 年 10 月上市至 2007 年 9 月，在境外扩张方面表现颇为突出，已成功进行了 2 次境外收购，分别是 2006 年年底以 900 亿印尼盾（约 9000 万人民币）收购印尼哈里姆银行（Bank Halim）90% 的股份，2007 年 8 月 29 日以 46.83 亿澳元（约 44 亿人民币）收购澳门诚兴银行 79.93% 的股份。2007 年并购标准银行则是工商银行加速国际化进程、拓宽新兴金融市场所做的又一次努力。

南非标准银行集团作为非洲最大的商业银行，是世界上少数"稳健高增长"的银行。领先的市场地位、广泛的网络机构、良好的资产质量以及极大的发展潜力，均是工商银行选择将其作为合作伙伴的原因。案例表 5 反映了标准银行优秀的财务业绩，再加上其庞大的资产规模和雄厚的资金实力，使得本次跨境并购规模庞大。

案例表 5　南非标准银行集团与当地同业银行的业绩指标比较

指标	南非标准银行集团（Standard Bank Group）		南非联合银行集团（ABSA Group）		莱利银行集团（Nedbank Group）		第一兰特控股（FirstRand Holdings）	
	2008 年	2007 年	2008 年	2007 年	2008 年	2007 年	2008 年	2007 年
核心净利润（亿兰特）	140.17	127.21	99.08	94.13	57.65	59.21	99.22	108.54
同比增速（%）	10.19	—	5.26	—	−2.63	—	−8.59	—
成本收入比（%）	49.30	51.90	49.40	51.70	51.10	54.90	52.60	51.70
不良贷款率（%）	3.40	1.75	3.50	1.70	3.90	2.61	2.90	1.50

资料来源：浙大 CIFI，各相关银行相关年份年报。

早在 2005 年，工商银行与标准银行便开始了业务上的交流合作，并逐步拓展到股权合作的探讨。2007 年 9 月 10 日，并购双方开始进行正式谈判。2007 年 10 月 25 日，工商银行与标准银行联合宣布，双方已就股权交易和战略合作事宜达成协议，工商银行将以 54.6 亿美元购入标准银行 20% 的股份，是南非截至当时最大的外国直接投资项目。2008 年 3 月 3 日，工商银行和标准银行顺利完成了股权和资金交割。工行并购标准银行的具体方式见案例表 6。

案例表 6　中国工商银行并购南非标准银行集团方式

具体方式	价格
标准银行向工商银行定向发行相当于扩大后股本总数 10% 的新股	每股 104.58 南非兰特
工商银行按比例向标准银行现有股东协议收购相当于扩大后股本总数 10% 的股份	每股 136 南非兰特
增发新股与收购旧股的综合溢价为 15%，工商银行共持有标准银行 20% 的股份	综合每股 120.29 南非兰特 总金额 54.6 亿美元

资料来源：浙大 CIFI，中国工商银行公告、相关报道。

在 2008 年 3 月完成交割手续后，双方建立起战略联盟，在广泛的领域深入开展战略合作。从投资回报来看，2008 年工商银行获得了 12.13 亿南非兰特现金分红和 5.89 亿南非兰特股票利息。工商银行通过投资标准银行所获得的投资年回报率约为 7.7%，远高于国外债券投资[①]。由案例表 7 可以看出，工商银行在完成并

① 资料来源：中国工商银行 2008 年年报。

购后，各类财务指标均呈现出一定幅度的增长，反映出此次并购后工商银行良好的发展态势。而案例图4则表明，自2009年2月开始标准银行的股票价格总体上出现了较大幅度的上涨，这从侧面反映出本次并购为标准银行带来了一定的利好。与此同时，两家银行通过签署相关业务合作协议，全面开展在资源银行、公司银行、投资银行、全球资源基金、非洲与国际业务以及全球市场等六大业务领域的合作，有效地提升了各自的国际化经营水平，更好地在全球化范围内优化了资源配置。

案例表7　2006—2008年工商银行各类财务指标

财务指标	2006年	2007年	2008年
总资产（亿元）	75091	86842	97576
净资产收益率（ROE）	0.104	0.151	0.184
资产净利率（ROA）	0.007	0.010	0.012
权益乘数（EM）	14.957	15.023	15.287
利润率（PM）	0.270	0.320	0.358

资料来源：浙大CIFI，工商银行2006—2008年历年年报。

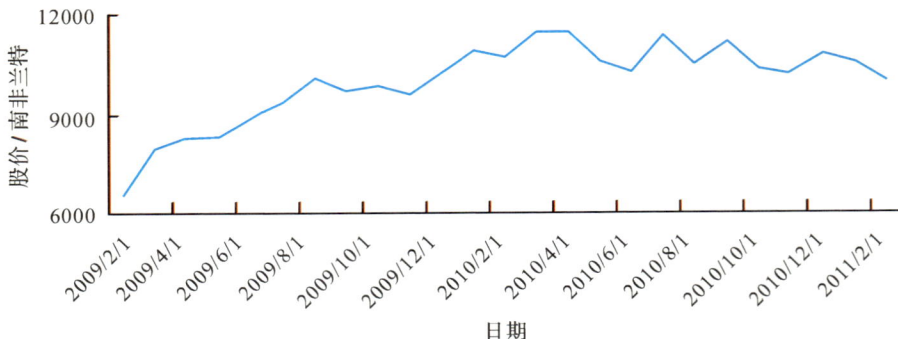

案例图4　南非标准银行集团2009年2月至2011年2月股价变动情况

资料来源：浙大CIFI。

并购启示

（1）新兴市场领域逐渐成为跨境并购新热点

新兴市场具有较高的成长性和发展潜力，且较西方发达地区对境外资金的需求更大，因此，越来越多的银行将新兴市场列入跨境并购的备选区域。其中，南非无疑是引人关注的新兴市场之一，其国内生产总值占整个非洲国内生产总值的20%以上，是非洲规模最大、实力最强的经济体。工商银行进行本次并购，也是因为在一定程度上看到了标准银行在非洲的较大影响力，希望通过此次并购进一步提升在新兴金融市场中的占有率，为成为国际性的银行奠定基础。

（2）跨境并购有助于银行解决大额资金留存问题

在上海证券交易所和香港联交所上市后，工商银行共筹集了约220亿美元的资金。但由于2007年正值金融危机爆发初期，全球经济疲软，国内外可供选择的优秀投资项目较少，工商银行留存的大额资金产生了不小的资金成本。而收购标准银行股份所需的54.6亿美元，约占上市所融资金的四分之一，这笔巨额投资不但彰显出工商银行作为最大的中资商业银行强大的资金实力，也在一定程度上解决了其资金留存的问题，提升了资金的使用效率。

（3）跨境并购时应注重并购方式的组合

工商银行并购标准银行采取的并购方式为现金并购，这与此前绝大多数中资银行进行跨境并购时所采取的方式相同（见案例表8）。但与其他并购方式相比，现金并购的成本相对较高，会使银行（尤其是在并购金额数目较大的情况下）面临即时付现的压力。

案例表 8　2003—2007 年中国主要境外并购案例收购方式汇总

单位：起

年度	境外并购案例	现金收购	换股收购	混合收购	其他
2003	6	5	0	0	1
2004	5	2	0	3	0
2005	6	5	0	1	0
2006	5	5	0	0	0
2007	7	5	1	0	1
合计	29	22	1	4	2
占比	100%	76%	3%	14%	7%

资料来源：浙大 CIFI，巨潮资讯。

　　不仅如此，银行在跨境并购时采用现金支付方式也意味着并购方面临着货币的可兑换性风险和汇率风险。在现金交易前的汇率波动都将对出资方造成影响，如果汇率的巨大变动使出资方的成本大大提高，出资方相应年度的预期利润将会出现下降。

　　因此，中资银行在自身地位不断提高的基础上应更为灵活地选择多种并购方式来提高并购效率，降低并购成本（见案例表 9）。

案例表 9　常见并购方式比较

	现金收购	股权收购	综合证券收购
税负	即时纳税	递延或滞后	现金收购、股权收购结合
支付价格	较高	相对较低	介于现金收购、股权收购之间

续表

	现金收购	股权收购	综合证券收购
控制权	公司控制权 不会被稀释	公司控制权会被稀释， 具有逆向收购风险	认股权证，可转换债券方式，公司 控制权可能会被稀释
财务风险	现金负担大， 财务风险相对较高	现金负担小， 财务风险相对较低	现金负担小，财务风险介于现金收 购与股权收购之间
所需时间	较短	较长	较长
应用领域	交易额较小	交易额较大	交易额较大

资料来源：浙大 CIFI。

➤ 案例4　功败垂成：中国民生银行并购美国联合银行

中资银行进行跨境并购是风险与收益并存的。在中资银行境外并购的行为中，绝大多数银行通过资源的优势互补，对自身进行资源的整合和业务的提升来获取成功，但实践中也不乏失败的案例。民生银行作为中资银行中首家尝试入股美国本土商业银行的银行，其并购美国联合银行却以失败告终的教训值得我们反思和总结。

并购主体

中国民生银行成立于 1996 年 1 月 12 日，是中国第一家主要由民营企业发起设立的全国性股份制商业银行。民生银行在 2005 年 10 月 26 日完成股权分置改革，成为国内首家实施股权分置改革的商业银行，且分别在 2000 年 12 月 19 日和 2009 年 11 月 26 日在上海证券交易所和香港证券交易所挂牌上市。民生银行将主要目标群体定为民营企业、小微企业以及高端客户群体。截至 2016 年 6 月末，民生银行资产总额达到 52501.62 亿元，在 2016 年英国《银行家》杂志全球银行 1000 强排名中位居第 33 位。[①]

美国联合银行（United Commercial Bank）成立于 1974 年，原名联合联邦储蓄及贷款协会（United Federal Savings and Loan Association），于 1998 年改名为联合银行。联合银行将华人社区作为主营业务客户群，是美国面向华人的最大商业银行之一。联合银行在市场定位方面与民生银行类似，主营个人和中小企业融资贷款业务。2009 年 11 月 6 日，由于高层涉嫌欺诈以及面临财务危机，美国联合银行被美国联邦存款保险机构勒令关闭并于次日被华美银行收购。

并购过程

作为一家全国性股份制商业银行，民生银行在经过十余年的发展与股改上市后，实力和规模均有了大幅增长。但该行发现，银行业务的区域分布与快速发展的趋势并不匹配：截至 2006 年年底，民生银行的业务几乎全部集中于境内经济发达地区，仅在香港特区拥有一家代表处。因此在此次并购发生前，民生银行迫切希望拓展业务领域，尤其是在境外市场的业务。

美国联合银行经过较长时间的发展，在美国本土拥有较为丰富的经验与熟悉政策法律的管理团队，且与民生银行拥有相似的市场定位。在当时世界五大投行之一美林银行的推动下，民生银行通过与美国联合银行协商沟通，在 2007 年 9 月 27 日召开的临时董事会议中，决定出资 3.2 亿美元收购美国联合银行 9.9% 的股份，借此成为美国联合银行的第一大股东。11 天后，民生银行公开了三步走的收购方案。

---

① 资料来源：民生银行官网 http://www.cmbc.com.cn/。

第一步	以现金认购美国联合银行增发的新股约535万股，约占其增发后股本的4.9%，认购价格为其在签署投资协议前90个交易日纳斯达克收盘价的平均价，投资额约为0.97亿至1.45亿美元（人民币7.37亿至11.02亿元）。
第二步	2008年3月31日之前（经双方协商同意，可以推迟到2008年12月31日前），民生银行通过美国联合银行增发新股或联合控股指定的某些售股股东出售旧股的方式，**使其**在联合银行的持股比例达到9.9%。其中如发行新股，则收购价为美国联合银行第二步交割日期前5个营业日前的90个交易日的平均收盘价另加5%溢价。追加投资额约为1.15亿至1.72亿美元（约合人民币8.74亿至13.07亿元）。
第三步	民生银行有权但无义务通过第二步可选择的方式增持至20%的股权。其中如发行新股，则收购价为美国联合银行第三步交割日期前5个营业日前的90个交易日的平均收盘价另加15%溢价。中国民生银行所持有的全部股份的不变期为投资协议签署日后三年。

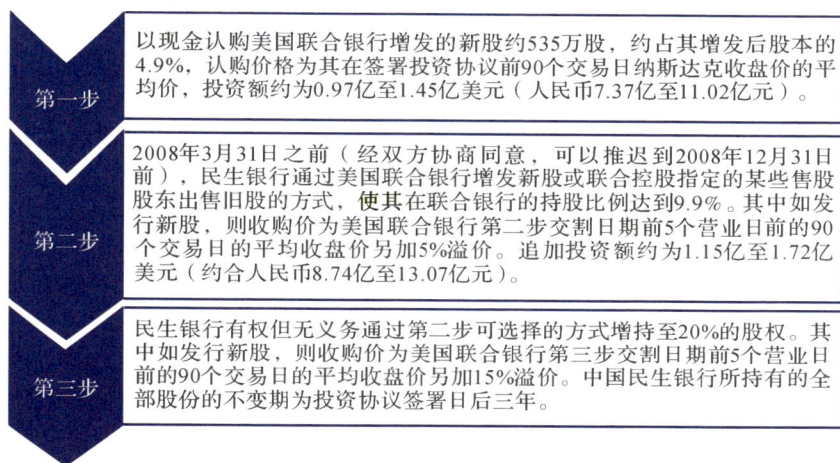

资料来源：浙大 CIFI，民生银行对外投资公告及民生银行 2007—2009 年历年年报。

　　2007 年 10 月，民生银行与美国联合银行正式签署了合作计划书，开始具体实施并购方案。然而，在具体操作的过程中，问题却开始显现。

　　2009 年 11 月 10 日，民生银行在对外发布的公告中表示，其对美国联合银行的累计投资折合人民币约为 8.87 亿元，约占美国联合银行总股本的 9.95%。截至 2009 年 9 月 30 日，已确认投资和减值损失共计 8.24 亿元。民生银行并购美国联合银行以失败告终（见案例表 10）。

案例表 10　民生银行并购美国联合银行历程

时间	事件
2008.3	按照收购计划，民生银行支付 9690 万美元现金购买了联合银行增发的新股，占股 4.9%。同时，民生银行按照惯例将一名董事派往联合银行任职，但此名董事在决策上并无决定权，无实质作用。

续表

时间	事件
2008.3—2008.11	美国信贷危机快速蔓延，美国联合银行股价短时间内急速下跌，跌幅达68%，大部分机构投资者抛售其股票止损。时任美国联合银行董事长胡少杰多次到访中国对民生银行宣称股价已见底，马上会触底反弹，民生银行听信其说法并继续持股。
2008.11	美国财政部对联合银行进行了金额为 2.987 亿美元的注资。此次注资为美国股权增资计划的一部分，对象是经过美联储和财政部层层挑选后的财务状况良好且有发展前景的企业。此次看似"严格"的注资行为坚定了民生银行的持股信心。
2008.12	民生银行正按照计划书进行 0.3 亿美元的第二次注资收购时，美国联合银行管理层被爆出存在违规事项，需要接受调查。
2009.9	经过近一年的调查，美国联合银行在美联储的监督下发布了一份独立调查报告，报告中承认其存在严重的财务问题且受金融危机影响越发严重，管理层因对这一情况进行了隐瞒而面临被起诉，民生银行海外并购行为被迫中止。
2009.11	美国联合银行宣告关闭，此时民生银行想要买下联合银行但遭到美联储的强硬反对，最终美国联合银行被华美银行收购。

资料来源：浙大 CIFI，相关报道。

并购启示

民生银行并购美国联合银行最终惜败，从中总结的教训有以下几点。

（1）充分了解并购当地环境及相关政策

中资银行在境外开展并购活动时必然会涉及被并购方所在国家的法律和相关政策。因此，只有充分了解和把握被并购方所在国家的并购环境以及法律精髓，才能制定合理、有效的并购方案，降低跨境并购的风险。

美国对于本土银行有着严格的法律保护，且美联储对外资银行并购本土银行的行为态度强势。美联储规定若外资银行拥有一家银行等于或高于 25% 的投票权股份，即被定义为收购，且无论是新建子行还是收购美国银行，外资银行母行均须事先征得美联储批准。① 而民生银行在并购前并未对此作全面的了解，使得其向美国联合银行派驻的董事没有实质话语权，对联合银行起不到任何控制作用，且当其在并购后期意图继续增持联合银行股份时遭到美联储的拒绝。因此，中资银行在制订境外并购计划前，应当对目标银行所在的地区或国家的相关环境与法律法规进行深入的了解与分析，保证并购活动的顺利进行。

（2）对并购对象进行尽职调查并合理估值，防范信息不对称风险

对被并购银行进行尽职调查与合理估值是制订境外并购计划中的重要环节，民生银行此次并购的失败也与这一环节不合规有关。首先，并购前民生银行未对美国联合银行的财务报表进行严格审查，而是仅仅凭借与时任美国联合银行控股公司董事长的会晤便确立了合作意向，从双方高管的首次见面到签署合作协议只用了3个月左右的时间。其次，在首次注资后金融危机加剧，联合银行股价开始跳水式下跌，其企业价值远远低于一开始的估值水平。然而，民生银行因缺乏相关经验，未看清经济形势及时止损，反而进一步追进，增加了并购失败的风险。因此，中资银行在进行境外并购时应对并购对象进行尽职调查并合理估值，防范信息不对称风险。

（3）准确把握恰当的并购时机，充分考虑自身发展战略

银行在决定开展境外并购前准确把握恰当的并购时机非常重要。2007年的金融危机在我国掀起了中资银行境外并购的浪潮，然而，面对这样特殊的金融环境以及远远低于之前市值的可投资产，中资银行万万不可盲目冲动，急于下手，

---

① 王晓明.跨国银行并购若干法律问题研究［D］.桂林：广西师范大学，2007.

而要冷静思考，认清国际形势。民生银行此次并购举动明显过于着急，不够理智，这在一定程度上为并购埋下了隐患。

（4）重视并购后的资源整合

资源整合尤其是财务资源的整合也是银行成功实现境外并购的重点之一。民生银行在入股联合银行之后才发现该行法人治理结构不完善，但其在成为联合银行最大股东后也并未意识到财务控制权的重要性。由于资源整合过程的缺失，民生银行对联合银行隐藏的财务问题没有丝毫察觉。可见，有效的资源整合在并购中占据着非常重要的地位，只有并购方与被并购方实现有效整合，双方才能更好地融入彼此，发挥并购所带来的协同效应。

➤ 案例 5　股份制试水：招商银行并购香港永隆银行

中资银行境外并购浪潮此起彼伏，然而其中绝大多数都是由大型商业银行主导的。招商银行并购香港永隆银行一案不仅仅是我国股份制商业银行通过跨境并购来拓宽业务领域的成功案例，也是中资银行第一次直接进行标的超过 40 亿美元的控股权收购，具有较强的代表性。

并购主体

招商银行成立于 1987 年 4 月 8 日，是我国第一家完全由企业法人持股的股份制商业银行。招商银行在成立的近三十年时间里由一家区域性小银行，逐渐发展为沪港两地上市的国内第六大商业银行，且在 2016 年《银行家》杂志全球银行 1000 强排名中以 535.35 亿美元的一级资本规模位列第 27 位，在中资银行中仅次于国有五大行（见案例表 11）。

案例表 11　2007 年五大行与招商银行资产经营情况

单位：百万元人民币

银行名称	资产总计	负债总计	净利润
中国工商银行	8684288	8140036	81256
中国建设银行	6598177	6175896	69053
中国农业银行	6050127	5961499	43781
中国银行	5995533	5540560	56229
交通银行	2103626	1974829	20513
招商银行	1310552	1242568	15243

资料来源：浙大 CIFI，各银行 2007 年财务报告。

永隆银行（Wing Lung Bank Ltd）成立于 1933 年，是我国香港特别行政区历史悠久的家族型企业，主要提供零售和企业银行、信贷、证券和期货买卖、个人理财、信托与物业管理及保险等综合性金融服务。此次并购发生前，永隆银行已拥有较为丰富的国际化经营经验，不仅在香港拥有 35 家网点，且早在 1984 年便在美国加利福尼亚州开设分行，随后于 1996 年在开曼群岛增设分行，拥有一大批具有丰富境外经验的金融界精英人才，熟悉香港金融法律法规和国际市场。截至 2016 年 12 月 31 日，永隆银行的综合资产总额为港币 2677 亿元。

并购过程

国际化和综合化经营一直是招行的发展重点之一，在并购永隆银行以前，招行仅在美国纽约设有一家办事处，在香港等地设有少量分行及一家子公司。香港作为国际金融中心，一直都是中国对外贸易的重要窗口。但也正由于香港金融市场相对成熟，普通银行在激烈的竞争中无法仅通过增设分支机构迅速渗入该市场。因此，当 2008 年香港永隆银行的伍氏家族有意退出时，招商银行便着手推进并购策略。

此次并购过程尤为曲折，由于并购香港本土银行有助于中资银行吸收境外经营经验，永隆银行成为各家银行争相并购的对象，其中最具竞争力的出资方有中国工商银行、交通银行、招商银行和澳新银行。

事实上，2008 年 3 月中旬，招商银行便已在首轮竞标中失败而被迫退出了竞标。不久，交通银行在进行尽职调查后也宣布退出竞购。但招商银行经多方努力，由其财务顾问摩根大通牵线搭桥，与永隆银行创始人伍氏家族取得联系并再次加入并购行列。工商银行因在并购中坚持自己提出的并购底线不愿提高价格而最终放弃。与此同时，澳新银行也因为出价不及招商银行而退出。最终，招商银行凭借每股 156.5 港元的高价取得收购权（见案例表 12）。

案例表 12　招商银行并购永隆银行历程

时间	事件
2008.3	永隆银行伍氏家族宣布，出售其所持永隆银行 53.12% 的股份，吸引了包括中国工商银行、招商银行、交通银行、中国建设银行及澳新银行、渣打集团等国内外银行的关注，它们均在不同场合以不同形式表达了并购意愿，永隆股票随即大涨。
2008.3	招商银行在与其他竞投方的首轮竞标中宣告失败，退出竞标。随后，由招商银行财务顾问摩根大通牵线搭桥，管理层与永隆银行创始人伍氏家族取得联系，并表示了明确的合作意图。
2008.4.23	交通银行正式退出香港永隆银行的股份竞购。
2008.5	中国工商银行暗示不会提高收购永隆的价格，同时澳新银行也因出价与招商银行有差距，退出竞争行列。

时间	事件
2008.6.2	招商银行公告宣布已于 2008 年 5 月 30 日与永隆银行的三大股东签署股份买卖协议。根据协议，招商银行将以每股 156.5 港元——高于永隆银行 3 倍账面价值的价格收购永隆银行 53.12% 的股份。
2008.6.27	招商银行股东大会通过收购案。
2008.10.7	招商银行开始以每股 156.5 港元向剩余股东发起全面要约收购。
2008.10.27	招商银行完成对永隆银行的全面收购，耗资约 363 亿港元，持有永隆银行全部已发行股份的 97.82%，永隆银行于次日停止在港交所交易。
2008.11	招商银行开始对永隆银行剩余的 2.18% 股份进行强制性收购。
2009.1.16	招商银行完成对香港永隆银行的强制性收购，永隆银行成为招商银行直接全资附属公司，从 2009 年 1 月 16 日上午起，永隆银行撤回其在香港联交所的上市地位。

资料来源：浙大 CIFI，相关报道。

1998—2008 年，除新加坡星展银行并购案交易价格市净率达到 3.1 倍，绝大多数香港上市银行并购案中的交易价格市净率普遍在 2 倍以下（见案例表13）。而此次招行的收购价则高达永隆银行 2008 年第 1 季度每股账面价值的 3.1 倍以及 2007 年年底每股净资产的 2.9 倍。虽然此价格被业内人士普遍认为偏高，但招商银行表示这是通过尽职调查得出的合理价格范围，最终其通过 363 亿港元完成了对永隆银行的并购。

案例表 13　1998—2003 年香港上市银行股份出售价格情况

年份	目标公司	收购方	收购百分比（%）	交易价格（亿港元）	交易价格市净率（倍）
1998	香港广安银行	新加坡星展银行	100	35.63	0.85

续表

年份	目标公司	收购方	收购百分比（%）	交易价格（亿港元）	交易价格市净率（倍）
2000	第一大银控股	东亚银行	100	43.68	1.52
2001	香港道亨银行	新加坡星展银行	100	419.24	3.18
2001	香港华人银行	中信嘉华银行有限公司	100	42.00	1.25
2003	浙江第一银行	香港永亨银行	100	48.00	1.22
2003	华比富通银行	中国工商银行	100	9.80	1.98

资料来源：浙大 CIFI，中国经济信息网数据库。

并购完成后，永隆银行的业绩呈现稳步上涨趋势。由 2008 年亏损 8.1 亿港元到 2009 年盈利 8.8 亿港元，再到 2010 年和 2011 年分别盈利 13.4 亿和 18.5 亿港元。而招商银行也通过这次并购借助永隆银行的业务网络，吸引了大量的跨境零售和中小企业客户，拓展了自身的跨境金融业务。

并购启示

招商银行此次并购永隆银行，从实力强劲的竞争对手中脱颖而出并获得成功，在一定程度上彰显了我国股份制商业银行进行境外并购的积极性和信心。

（1）跨境并购应准确选择并购区域

招商银行作为我国发展较好的股份制商业银行，在境内的发展较好，特别是在零售业务领域，但在境外市场上的发展却远不及其他国有商业银行。此次招行的境外并购行为首先选择了我国香港特区，不仅仅因为香港是全球重要的国际金融中心、离岸金融中心和贸易中心，拥有国际化程度极高的金融体系，还因为招商银行大约有 40% 的业务量在珠江三角洲一带，有不少客户建议招行在香港提供跟随服务。此外，招行选择香港本土银行作为并购对象，能够获得先进的国际金融创新和管理方面的知识，借助永隆银行强大的分销渠道及其良好的声望和产品专长，在香港和珠江三角洲进一步创造发展的机会，为境内客户提供更好的境外服务。

（2）重视并购资金获取渠道

此次并购金额较大，并购资金的获取渠道也至关重要。在经过分析抉择后，招商银行决定通过在全国银行间债券市场发行不超过人民币 300 亿元的次级债券来支持此次并购永隆银行的境外扩张行动。相对于通过发行股票或者其他方式来补充并购方资本而言，发行次级债券的程序较为简单便捷，所需时间短且可持续，不会对股价产生负面影响。与此同时，次级债还可以通过计入附属资本的方式来提高银行的资本充足率，这在一定程度上优化了招商银行的资产负债表。由此可见，银行在进行跨境并购时应当慎重选择并购资金的获取渠道，以便为其跨境并购的成功做好充足保障。

➤ **案例 6　横向兼并：中国银行并购瑞士和瑞达基金管理公司**

受境外并购投资环境、法律准则等影响，绝大多数中资银行通常会在我国周边地区选取并购目标。随着境外扩张与重组整合技术愈发成熟，中资银行选择的目标领域也逐步拓宽。中国银行英国子公司并购瑞士和瑞达基金管理公司是中资银行在欧洲发达国家进行的境外并购，也是中资金融机构在国际资产管理业务领域的初次试水，其所提供的经验值得我们思考。

并购主体

中国银行在中国内地及 51 个国家和地区为客户提供广泛的金融服务。截至 2016 年年底，中国银行资产总额达 18.15 万亿元，实现净利润 1841 亿元，比上年增长 2.58%，其中境外机构实现的利润总额为 122.34 亿美元，同比增长 39.42%，对集团的利润贡献度进一步提升。[1]

瑞士和瑞达基金管理公司（HFM，Heritage Fund Management）于 2002 年在日内瓦成立，是一家拥有瑞士银行业管理委员会颁发的基金管理执照的专业资产管理公司，专注于投资亚洲市场，主要业务包括基金管理、离岸基金外聘管理顾问以及机构客户的资产管理。在此次并购之前，瑞士和瑞达基金管理公司管理的基金共有 6 只，总值 3 亿多美元，其中在中国的基金规模约占总规模的一半。[2]

并购过程

2007 年爆发的美国次贷危机迅速向全球蔓延，在此背景下，中资银行迎来了又一波境外并购的浪潮（见案例表 14）。

案例表 14　2007—2008 年部分中资银行境外并购案例

时间	收购方	收购对象
2007.8.29	中国工商银行	澳门诚兴银行
2007.9	中国工商银行	香港 JEC 投资公司
2007.10.8	民生银行	美国联合银行

---

[1]　资料来源：中国银行官网 http://www.boc.cn/。

[2]　资料来源：和讯网 http://insurance.hexun.com/2008-07-30/107777891.html。

时间	收购方	收购对象
2007.10.25	中国工商银行	标准银行集团
2008.1.29	中国工商银行	泰国 ACL 银行
2008.6.2	招商银行	香港永隆银行
2008.7.30	中国银行	瑞士和瑞达基金管理公司

资料来源：浙大 CIFI，各行年报及公告，相关报道。

　　金融危机带来的巨大冲击也对欧洲的实体经济产生了不小的影响。欧洲不少金融机构的资产大幅缩水，盈利能力下降，面临着较大的美元资本短缺压力与困境。标榜"绝对收益最大化"的瑞士和瑞达基金管理公司也未能幸免于难。该公司因受美国次贷危机影响，业务发生萎缩，故而致力于寻找新的市场，并将目标锁定于中国。但国外金融机构进入中国市场的壁垒很高，通过参股则可绕过监管间接进入。

　　作为中国首家成立私人银行的商业银行，中国银行在此次并购之前已经针对资产在 100 万美元以上的高端客户开展了私人银行业务。但由于中资银行在该领域普遍存在着产品设计能力不足以及人才匮乏的问题，对人才与资源的引进有较大需求。除此之外，中国银行先前与 RBS（苏格兰皇家银行）在私人银行业务方面的合作已经结束，且中国银行英国子公司筹备的瑞士私人银行业务也收到了银监会的批复，这促使其在该领域寻求更好的合作伙伴。因此，与其他绝大多数中资银行以收购大而全的商业银行为目的的境外并购不同，中国银行抓住此次并购契机，转向国际资产管理行业，这也恰好符合瑞士和瑞达基金管理公司的战略选择。中国银行并购瑞士和瑞达基金管理公司的历程如案例表 15 所示。

案例表 15　中国银行并购瑞士和瑞达基金管理公司历程

时间	事件
2008.7.30	中国银行宣布其全资子公司——中国银行（英国）有限公司斥资900 万瑞士法郎（约合人民币 6000 万元）收购瑞士和瑞达基金管理公司 30% 股份，以搭建中银境外私人银行业务发展平台。并购正式公告当天，中行港股上涨了 2.87%，报收于 3.58 港元 / 股。
2008.11.28	瑞士和瑞达基金管理公司正式更名为中国银行（瑞士）基金管理有限公司，意味着中行英国子行采取购买新股的方式，将其对瑞士和瑞达基金管理公司的持股比例增至 70% 已经完成。

资料来源：浙大 CIFI，中国银行公告，相关报道。

　　然而，此次并购完成后，中国银行（瑞士）基金管理有限公司在之后一段时间的表现并没有如设想般出色。该公司管理的一只名为"788 中国"的投资中国市场的对冲基金，在 2008 年年初到 10 月底期间损失了 95%。这只对冲基金成立于 2005 年 5 月，投资组合主要包括在香港上市的中资公司股票和少数通过 QFII 投资的 A 股股票，2007 年的回报率为 114.74%。随着 2008 年中国国内股市崩盘，自 2008 年年初到 5 月，该基金已损失 48.8%，截至 2008 年 10 月底，香港恒生指数下跌 50%，该基金的损失也高达 95%。这说明在并购完成后及时进行行业整合，并采取风险管控等相应的止损措施尤为重要，同时也表明，并非所有的境外并购行为都能在短时间内调整到最佳状态并获利。

　　此后，两家公司开始进行更深入的交流与战略联盟，各方面业务逐步进入正轨。2009 年 9 月 8 日，中国银行（瑞士）基金管理有限公司获得瑞士金融市场监管局（FINMA）的批准，正式发行"中国银行（瑞士）基金管理有限公司系列基金"。其中一部分基金将提供人民币计价，从而成为全球首例以人民币计价的瑞士基金。这一举措有利于中国进一步推动人民币国际化进程，加速了人民币在全球范围的流通。

并购启示

中国银行并购瑞士和瑞达基金管理公司案例与典型的中资银行境外并购不同，其选择的并购对象为基金公司而非银行，同时这也是中资银行在欧洲为数不多的并购案例之一。从中总结的经验如下：

（1）中资银行进行境外并购可尝试目标行业领域多样化

绝大多数传统的中资银行境外并购行为都会选择有较好发展前景和潜力的商业银行作为并购对象，而此次中国银行并购瑞士和瑞达基金管理公司案例则是中资银行在并购非银行业务领域所做的一次尝试。此次并购行为不仅仅有利于增加中国银行的非利息收入，也能够促使其提高境外投资管理与开发国际金融产品的能力。

私人银行业务一般是指银行向高净值人士[①]提供系列建议的服务，包括投资、现有资产增值保值、退休养老计划及财富传承等。随着经济的快速发展，中资银行将面临越来越多符合上述高净值人士标准的国内外客户，但绝大多数希望开展私人银行业务的中资银行普遍存在服务能力不足的缺陷。此次并购使中国银行得以通过吸收具有丰富基金管理经验的专业人才和成熟的投资产品，为引进国外高级专业管理人才、搭建私人银行业务平台、提高整体服务水平奠定良好的基础，从而在境外理财业务中获得更多主动权，实现了对境外投资更深入的参与。因此，中资银行进行境外并购时可注重多样化行业领域的选择，防止拘泥于某一特定行

---

① 参考维基百科，高净值人士可定义为金融资产价值在100万美元以上的投资者。

业，从而更好地实现银行的全面发展。

（2）中资银行可考虑通过子公司完成境外并购

此次并购的另一大亮点便是并购并非由中国银行本部而是由中国银行的英国子公司进行的。在并购之前，恰逢中国银行英国子公司筹备瑞士的私人银行业务，并购完成后，中国银行获得在瑞士经营私人银行和资产管理公司的监管许可，并于 2008 年年底在瑞士设立了全资附属公司——中国银行（瑞士）基金管理有限公司，2008 年 12 月 1 日开始对外营业，主营私人银行业务。中国银行由此成为我国首家进驻瑞士的银行，加速了其搭建全球化、专业化的私人银行业务平台的战略布局。可见，中资银行在进行境外并购时可以考虑多样化并购渠道，例如通过境外分行来完成并购目标，加速国际化进程。

➢ 案例 7　走进拉美：中国工商银行并购阿根廷标准银行

随着银行跨境并购浪潮的推进，中资银行选择境外并购区域有了进一步的拓展。中国工商银行并购阿根廷标准银行案例为中资银行第一次收购拉美地区银行的境外并购行为，打破了阿根廷没有中资金融机构的状况，有效拓展了工商银行在拉丁美洲的营业机构和业务网络。

并购主体

中国工商银行作为我国最大的商业银行，一直以来高度重视且经常寻求互补的境外扩张业务，尤其关注与国内有密切贸易往来的地区。中国工商银行前董事长姜建清曾多次表示，中国工商银行高度重视拓展亚洲、拉丁美洲和非洲等高增长市场，其中，拉丁美洲市场良好的发展前景以及与中国密切的贸易往来使之成为工商银行非常重视的一个国际化发展战略区域。

阿根廷标准银行成立于 2005 年，是南非标准银行在收购 ING（荷兰国际集团）银行阿根廷分支的基础上设立的，在阿根廷地区有上百家分行。2010 年，阿根廷标准银行平均股本回报率和资产回报率分别为 22.2% 和 2.6%。截至 2010 年年末，阿根廷标准银行的资产规模约为 32 亿美元，拥有 2.5% 的市场份额，提供包括存贷款业务、汇款结算、贸易金融、外汇买卖等全方位的金融服务。其中，在阿根廷的进出口信贷以及车贷业务方面，阿根廷标准银行占据着非常重要的市场份额。

并购过程

近十年来，国际大宗商品和能源价格下降使得拉美地区进入经济低迷时期，在一定程度上需要其他国家的金融企业帮扶。促进中国与拉丁美洲各国的交流，不仅能够推动拉美的经济建设，也是增进双方多边经济合作、增加彼此福利的途径，因此不少企业开始进军拉丁美洲地区进行国际化版图的延伸，中资银行也不例外。自工商银行开始，中国建设银行、交通银行也都纷纷进军拉丁美洲地区进行并购，更好地为中国与拉丁美洲间的贸易往来以及当地各种类型的企业、个人客户提供服务。

阿根廷是拉丁美洲的第二大经济体，仅次于巴西。在并购之前，中国是阿根廷第一大农产品出口对象国、第二大贸易伙伴和第三大投资来源国，但是阿根廷本土并没有中方投资的银行。中国工商银行此次选择在阿根廷设立分行，为其打造具有影响力的中国金融机构带来了一定的推动作用。中国工商银行并购阿根廷标准银行历程如案例表 16 所示。

案例表 16   中国工商银行并购阿根廷标准银行历程

时间	事件
2011.8.4	中国工商银行与卖方标银伦敦（标准银行伦敦控股有限公司）、W–S 控股公司签署了股份买卖协议文件，中国工商银行将通过购买阿根廷标准银行、Standard Investments、Inversora Diagonal 各 80% 的股份接手阿根廷标准银行及其关联公司各项业务的开展与营运。
2011.9	并购案获得中国银监会批准。
2012.11.8	并购案获得阿根廷中央银行批准。
2012.11.30	中国工商银行在全面完成阿根廷标准银行及其关联公司 80% 股份交割工作的基础上，正式控股该银行。
2013.4.11	中国工商银行正式替代阿根廷标准银行，接管后者银行在阿根廷地区的一切业务，包括一百多家营业网点、自助设备终端、ATM 机及其他一切相关设备。

资料来源：浙大 CIFI，相关报道。

　　此次并购，中国工商银行共支付约 6 亿美元，从标银伦敦、W–S 控股公司手中购买阿根廷标准银行及其关联公司 80% 的股份，具体实施方案如案例表 17 所示。

案例表 17   中国工商银行并购阿根廷标准银行具体内容

购买情况	卖方公司	购买数量（股）	占该公司份额(%)
购买阿根廷标准银行 80% 的股份	标银伦敦	465,915,450	55
	W–S 控股公司	211,779,750	25
购买 Standard Investments 80% 的股份	标银伦敦	400,000	50
	W–S 控股公司	240,000	30

购买情况	卖方公司	购买数量（股）	占该公司份额(％)
购买 Inversora Diagonal 80％ 的股份	标银伦敦	50,000	50
	W-S 控股公司	30,000	30

资料来源：浙大 CIFI，上海证券交易所网站 2011 年 8 月 5 日《中国工商银行股份有限公司收购阿根廷标准银行股权相关交易公告》。

　　此次收购完成后，中国工商银行成为阿根廷标准银行的控股股东，其余 20% 股份则继续由标银伦敦持有。与此同时，工商银行与标银伦敦协商后表示，双方将在合适的时机向阿根廷标准银行注资共 1 亿美元（约合人民币 6.4386 亿元），其中各自申购股份按照持股比例分配。

　　此次并购行为不仅使中国工商银行成功获得了并购目标所在地阿根廷的商业银行牌照，也在一定程度上为工商银行经营绩效的改善做出了贡献。案例表 18 为并购前后的工商银行经营绩效指标。

案例表 18　中国工商银行 2010-2013 年经营绩效情况

指标	具体指标	2010 年	2011 年	2012 年	2013 年
盈利能力指标（％）	净资产收益率（ROE）	20.13	21.77	21.20	20.61
	资产收益率（ROA）	1.32	1.44	1.44	1.44
	利润率（PM）	43.60	43.86	44.45	44.60
偿债能力指标（％）	权益乘数（EM）	15.36	15.11	14.63	14.26
	资产负债率	93.89	93.81	93.57	93.24
营运能力指标（％）	资产利用率（AU）	3.02	3.28	3.25	3.24

资料来源：浙大 CIFI，互联网报道，中国工商银行 2010—2013 年历年年报。

与此同时，工商银行通过对阿根廷标准银行的成功控股，顺利进入了阿根廷市场，在一定程度上促进了中阿两国间的友好合作，对促进两国经贸交流也有重要的意义。

并购启示

中国工商银行并购阿根廷标准银行是中资银行首次进军拉美地区进行境外并购，从中总结的经验有以下几点：

（1）跨境并购有利于银行本土化

银行在开展境外业务时，应当以目标地本土化作为核心。银行在国际领域进行拓展最常见的方式便是创建新的银行或进行境外并购。虽然前者可以有效避免收购中需要处理的一些整合问题，但若是从整体境外经营的角度出发，在境外新设银行所面临的法律和金融监管将增加银行成本，同时也制约了新途径的开拓。相比较而言，通过有针对性的银行并购，既能使并购对象原有的员工成为非常好的人力资源，同时也有助于并购方更好地熟悉当地的商业环境和该国的法律条文。工商银行此次并购阿根廷标准银行，也是看中了阿根廷标准银行作为阿根廷本土银行较为雄厚的资金实力，且为阿根廷第一大汽车贷款提供商、第五大出口信贷银行和第七大进口信贷银行，在阿根廷同类银行的固定收益和市场份额中均处于领先地位。并购后工商银行成功地进军拉美地区，更好更快地融入新环境，为其客户提供了更好的金融服务。

（2）跨境并购应注重并购双方的跨文化整合

科尔尼管理咨询公司的一项研究表明，全球范围内约61%的并购以失败告终，在导致失败的决定性因素中，企业文化冲突位于首位。银行跨境并购的主体双方往往由于地域与环境的不同，在经过十几年或几十年的发展后培养出风格迥异的企业文化，此时，银行如何在并购完成后成功地进行跨文化整合就显得尤为重要。阿根廷标准银行内部管理先进严谨、风险控制严格、并购经历丰富，并且保持了企业文化的相对独立性。中国工商银行秉持互相尊重、优势互补的态度，在并购后并未强势改造标准银行企业文化，而是尽可能保留或吸收阿根廷标准银行管理中的先进成分，搭建沟通渠道让员工相互了解、彼此信任，继而形成对未来目标的共识。资料显示，交割后中国工商银行大体保持了阿根廷标准银行原有的运行模式、组织结构，本土员工队伍保持稳定，同时工行还定期组织两家银行员工互到两地考察学习，在交流中循序渐进地实现文化融合，从而为此次并购的成功提供了坚实的保障。①

> ## ➤ 案例 8　布局丝路：中国工商银行并购土耳其纺织银行

近年来，我国提出的"一带一路"倡议得到了沿线国家和地区的广泛响应与支持，对促进中资银行国际化产生了积极的影响。而中资银行本身也为"一带一路"建设提供了坚实有力的金融支撑，其中工商银行并购土耳其纺织银行便是在"一带一路"政策的推动下达成的。

并购主体

中国工商银行作为我国五大商业银行中境外并购经验最丰富的银行，自"一带一路"倡议提出以来进行了积极探索，在为"一带一路"建设提供多方位金融服务支持的同时，寻找自身更好的发展空间与渠道。截至 2017 年第一季度末，

---

① 资料来源：新华网 http://news.xinhuanet.com/fortune/2013–11/22/c_118250956.htm。

工商银行已在"一带一路"沿线18个国家和地区拥有127家分支机构，并按照市场化、商业化和可持续原则参与"一带一路"沿线项目212个，累计承贷额674亿美元，整体风险控制处于优良水平。[①]

土耳其纺织银行（Tekstilbank）成立于1986年，总部位于伊斯坦布尔，持有土耳其储蓄银行牌照，从事公司银行、中小企业银行及零售银行等业务，并通过子公司开展证券经纪、投资银行、资产管理业务。土耳其纺织银行在土耳其有44家分行、900余名员工，分支网络覆盖约占土耳其GDP 70%的经济活跃地区，有较好的经营基础和本地经营能力。[②]

并购过程

我国自2013年首次提出"一带一路"倡议以来，全力打造"一带一路"资金融通的主渠道。相应地，银行业积极研究制定参与"一带一路"建设的规划和实施意见，通过主动设点、走线、联网、布局，完善跨境金融服务。截至2016年年末，共有9家中资银行在26个"一带一路"沿线国家设立了62家一级机构，其中包括18家子行、35家分行、9家代表处。[③]

土耳其是经济合作与发展组织创始会员国、二十国集团成员及亚投行意向创始成员国，也是世界新兴经济体之一，是"一带一路"倡议的重要节点。近年来，中土两国央行已经完成首笔货币互换，无论是在政治还是在经济文化方面，双方

---

① 资料来源：证券时报 www.stcn.com。

② 资料来源：中国工商银行官网 http://www.icbc.com.cn/。

③ 资料来源：和讯网 http://bank.hexun.com/2017–05–12/189157622.html。

交流均日益密切。2015 年，中土双边贸易额达到 215.65 亿美元，中国成为土耳其第二大贸易伙伴和最大进口来源国，仅 2015 年一年中国对土耳其的投资就超过此前 20 多年累积投资总额的两倍。

在此背景下，中国工商银行也将国际化发展的方向延伸到了欧洲地区，尤其是"一带一路"沿线国家，并购土耳其纺织银行就是尤为关键的一步。中国工商银行并购土耳其纺织银行历程如案例表 19 所示。

案例表 19　中国工商银行并购土耳其纺织银行历程

时间	事件
2014.4.30	中国工商银行发布公告称,其于 2014 年 4 月 29 日签署了一份股份购买协议,同意向 GSD Holding A 收购土耳其纺织银行（Tekstilbank）75.5% 的股份。
2015.5.22	中国工商银行完成了土耳其纺织银行（Tekstilbank）75.5% 股权的交割程序。此次并购的对价按照土耳其里拉计价,以美元支付,约 6.69 亿土耳其里拉（3.16 亿美元）。
2015.8.21	中国工商银行通过 MTO 要约收购持有工银土耳其 92.8% 的股份,其余 7.2% 股权为小股东持有流通股。
2015.11.5	土耳其纺织银行完成法律更名程序,将法定名称变更为中国工商银行（土耳其）股份有限公司（ICBC Turkey Bank A.S.）,中文简称"工银土耳其"。

资料来源：浙大 CIFI，相关报道。

并购完成后，工银土耳其成为首家在土耳其及周边区域设立营业机构的中资金融机构，并且创下了中国企业对土耳其的单笔最大投资记录。工银土耳其成为一家全牌照商业银行，持有商业银行、投资银行和资产管理牌照，在土耳其全境下辖 44 家分行、20 家证券营业部，拥有员工 900 余名，可为公司客户提供包括贸易融资、中小企业贷款、投融资顾问、证券承销经纪、资产管理等一揽子金融服务，同时也可为个人客户提供存贷款等综合金融服务。

从 2015 年 5 月中国工商银行完成收购土耳其纺织银行股权到 2016 年第一季度末，工银土耳其的总资产较交割日增长了 1.1 倍，贷款余额增加了 79.87%，净利润实现了正增长，呈现出健康发展的良好势头。

并购启示

此次工商银行并购土耳其纺织银行案例，顺应中资企业"走出去"进行全球投资和业务布局的潮流，从中我们可以总结的经验与启示如下：

（1）跨境并购应重视把握国家政策机遇

中资银行进行境外并购应选择恰当与成熟的时机，与国家发展背景相结合并牢牢把握其所带来的发展机遇，此次并购便是在我国提出"一带一路"倡议的大框架下进行的。并购完成后，工银土耳其紧紧抓住"一带一路"建设和中土两国关系发展带来的战略机遇，充分利用工商银行在各方面的发展优势及其对土耳其本土市场的熟悉程度，良好地发挥了工银土耳其在土耳其及其周边区域"一带一路"建设资金融通的主渠道作用，积极服务于"一带一路"项目推进过程中基础设施与产能合作等领域的重点项目，为"一带一路"建设提供了一定的金融支持与服务（见案例图 5）。

此次工商银行并购案例也得到了中国和土耳其两国政府的肯定，因此，把握和重视国家政策机遇，选取恰当的时机和正确的并购区域能够为中资银行成功实施境外并购行为提供一定的保障。

完善产品线，满足当地大型基础设施融资服务需求	打造一体化金融服务模式	积极促进人民币在土耳其市场的使用
"一带一路"建设产生并带动了大批土耳其战略项目，这些项目主体各异，金额大，结构复杂，工银土耳其充分利用集团全球网络和自身全业务平台优势，针对重大基础设施项目、大型资源开发项目、海外产业园区建设等，提供定制化的产品方案，延长客户价值链，实现银企共赢。	工银土耳其组建了专门的项目融资服务团队，积极开展"内外联动"和"外外联动"，主动整合工商银行全球市场和全球客户资源，为客户提供贷款、债券、股权等不同类型资金，满足"走出去"客户和"一带一路"大型项目的多元化资金需求，帮助客户融入当地主流社会。	工银土耳其积极引导土耳其央行等政府机构、当地同业机构在该行开立人民币账户，以"一带一路"项目为抓手，全力推动中土两国央行本币互换协议使用、人民币清算、结算、融资等人民币业务，为中土两国企业人民币投资贸易提供便利，扩大人民币结算、融资、投资规模和应用范围。

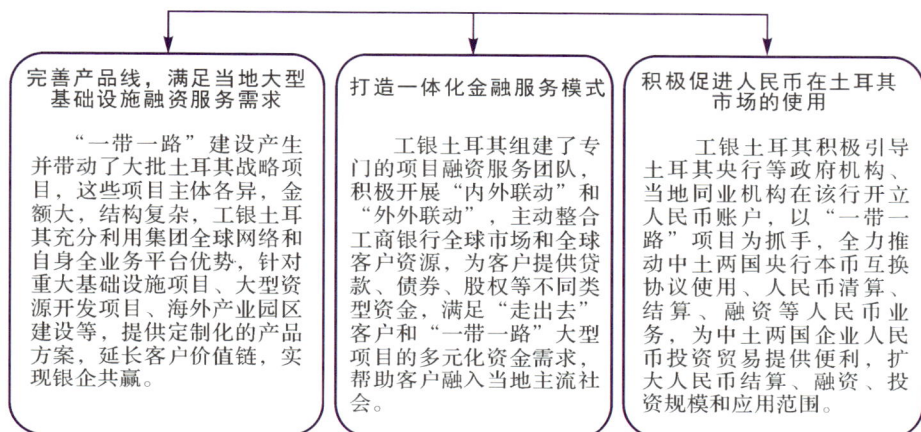

案例图5　工银土耳其建设方案

资料来源：浙大CIFI，中国商务新闻网。

（2）主动承担社会责任，打造负责任的中资金融机构形象

中资银行在推进境外并购项目后，不仅仅需要关注企业并购后的盈利能力、成长能力等经营业绩相关指标，也应当主动承担社会责任，打造负责任的中资金融机构形象，为今后中资银行开展境外并购营造良好的氛围，更好地提升当地企业及居民的接受度与满意度。工银土耳其自成立以来，在对内强化经营管理整合、文化融合的同时，对外积极履行社会责任，积极参与当地社会慈善活动，倡导绿色金融服务，向当地教育基金发起捐赠，在促进中土工商界经贸文化交流、维护中资企业境外形象和利益上做了大量卓有成效的工作，得到中国驻外使馆、领事馆和驻在国社会各界的一致认可和好评。

> **案例 9　当前动态：中国建设银行并购印尼 Windu 银行**

自中国进入经济发展新常态以来，各大中资银行继续深入推进国际化发展战略，紧密联系我国当前国情，选择恰当的时机进行境外并购。中国建设银行并购印尼 Windu 银行是近期完成的中资银行跨境并购案例，我们可以从中汲取一些经验。

并购主体

中国建设银行成立于 1954 年 10 月 1 日，是五家大型中资商业银行之一。截至 2016 年年末，建设银行集团资产总额达 209637.05 亿元人民币，净利润达 2323.89 亿元，在全球设立了 33 家分支机构，主要经营领域包括公司银行业务、个人银行业务和资金业务。

印度尼西亚 PT Bank Windu Kentjana International Tbk（以下简称"Windu 银行"）是一家在印尼证券交易所上市的商业银行，总部位于雅加达。截至 2015 年年末，Windu 银行总资产为 10.09 万亿印尼卢比（约合人民币 51 亿元），在印尼全境拥有 77 家经营机构，其中包括 17 家分行、28 家支行以及 32 家现金网点。此外，Windu 银行还持有印尼 PT Bank Antardaerah （Anda 银行）100% 股权。Anda 银行是一家印尼非上市银行，总部位于印尼泗水，在印尼拥有多家分行及现金网点。[①]

并购过程

自 2005 年印尼与我国建立战略伙伴关系以来，2013 年两国升级为全面战略伙伴关系。目前，我国是印度尼西亚的第一大贸易伙伴和第三大投资来源地，

---

① 资料来源：和讯新闻 http://news.hexun.com/2016-09-29/186250260.html。

2016 年两国双边贸易额达 535 亿美元，中国内地对印尼直接投资达 26.65 亿美元，与 2015 年相比同比增长了 324%。正是在这样的背景下，中资银行在印尼开设分支机构日益成为两国投资企业与个人客户的关注点以及各行国际化拓展的发展趋势。

在此次并购发生前，印尼的商业银行数量高达 120 家，其中 10 家最大的银行控制了超过 75% 的银行市场。为了提高整体效率，印尼监管机构出台政策鼓励境外银行实行收购。政策表示，印尼当地银行（尤其是资产不到 1 万亿印尼卢比，即 7700 万美元的银行）应放松外资 40% 的持股比例上限。这项政策吸引了国外投资者，有利于国外金融机构对印尼当地银行进行投资与整合。2015 年 2 月和 4 月，日本三井住友商事株式会社的子公司与韩国新韩银行得到了监管机构的批准，分别收购了印尼 PT Bank Tabungan Pensiunan Nasional Tbk（印度尼西亚国家退休金储蓄银行）17.5% 的股份与 Bank Metro Express（梅德罗快捷银行）40% 的股份。

同时，中国建设银行境外布局正在推进。2016 年上半年，建设银行分别在巴黎、阿姆斯特丹、巴塞罗那和米兰设立了四家分行并同时开业，智利分行成功获授智利人民币清算行，伦敦分行也正式对外营业。建设银行对印尼市场也有所关注，积极寻找进入该国市场的机会。2015 年第三季度成为一个突破的时机，从此建行开始了其在印尼的并购战略部署。中国建设银行并购印尼 Windu 银行历程如案例表 20 所示。

并购完成后，建行正式进入印尼当地市场开展业务，其在保持 Windu 银行现有业务基础上，在贸易融资、人民币业务、基础设施项目融资等方面为在印尼发展的中资客户及当地各类公司和个人客户提供金融服务。

案例表 20　中国建设银行并购印尼 Windu 银行历程

时间	事件
2015.9.18	中国建设银行股份有限公司与印度尼西亚 Windu 控股股东 Johnny Wiraatmadja 先生达成协议，同意在 Windu 银行拟进行的新股配售交易中，受让卖方的部分配股权，以参加对 Windu 银行的增资配股。
2016.5.3	并购获中国银监会批准。
2016.6.13	并购获印度尼西亚金融服务管理局批准。
2016.9.28	中国建设银行完成对印度尼西亚 Windu 银行 60% 股份的收购，对应收购股份数量共计 99.8 亿股。

资料来源：浙大 CIFI，中国建设银行公告，相关报道。

并购启示

直至今日，中资银行在跨境并购的道路上已经积累了一定的经验，成功率也越来越高。通过总结中国建设银行并购印尼 Windu 银行案例，我们能够得到的启示有以下几点：

（1）中资银行进行境外并购应与国家发展战略相结合

自中国—东盟自由贸易区（英文缩写 CAFTA）于 2010 年 1 月 1 日全面启动以来，东盟和中国的贸易占到世界贸易总量的 13%，成为一个涵盖 11 个国家和地区、19 亿人口、GDP 达 6 万亿美元的巨大经济体，是世界上涵盖人口最多的自贸区，也是发展中国家之间最大的自贸区，中国与自贸区其他国家间的金融贸易往来也愈发深入。中国实施"走出去"战略，境外投资是重要的措施，随着中国电信、金融、保险和服务业的开放，一些较发达的东盟成员国也开始扩大对中国的投资。中国建设银行牢牢抓住了这一机遇，与东盟成员国开展深入合作。在此次并购行为发生后，建行充分发挥银行集团品牌、资源、技术及全球化网络的优势，搭建起在印尼的银行业务平台，在为建行的客户提供优质跨境服务的同时，积极依托不断扩大的中国与印尼之间的经贸合作关系，致力于成为深化中国与印尼两国经贸领域合作的桥梁，为两国企业提供优质高效的金融服务。除此之外，建行还于 2006 年 11 月 1 日成功获批设立马来西亚子银行，成为马来西亚最近六年来获批进入本地市场的首家外资银行，表明该行贯彻落实国家"一带一路"倡议取得了新突破，也是建设银行积极推进国际化转型、拓展东盟市场的重要成果。因此，中资银行在推进境外业务发展时，可着眼于国家发展战略，寻找新的突破口。

（2）境外并购应注重人力资源的整合

人力资源的有效整合是保证银行跨境并购取得成功的重要举措。银行在进行跨境并购时往往会涉及不同地域人与人之间的观念差异，因此应尤为注重并购双方人力资源的整合。此次并购行为发生后，建行积极留用了东道国的核心员工，并与这些员工及时进行沟通交流，了解其对并购的看法以及对企业未来发展的建议，为核心员工创造施展才能的机会，通过制定科学的人事管理制度，为并购后有效激励和管理人才、发挥人才潜能奠定良好的基础。

➤ 案例 10　战略调整：中国银行资产出售进程

近年来，在大批中资银行积极进行境外并购、扩张境外版图的同时，一部分中资银行也开始逐步通过出售资产来进行境外资源的整合。下面列举了中国银行进行的两起出售资产案例，从中得出了一些经验总结。

并购主体

中国银行自 2015 年来进行了两次境外资产出售，即分别于 2015 年 12 月 18 日向信达金融控股有限公司出售南洋商业银行以及于 2016 年 10 月 26 日向厦门国际投资有限公司（厦门国际投资）及福建省厦门市私立集美学校委员会（集美校委会）出售集友银行的股份。

南洋商业银行创立于 1949 年 12 月，是香港本地老牌华资银行之一。该行于 1982 年在深圳经济特区设立第一家内地分行，为香港和内地的客户提供跨境金融服务，是新中国成立后第一家在内地经营的外资银行。2007 年 12 月 4 日，南洋商业银行将其在内地的分支行改制为外商独资商业银行，成立南洋商业银行（中国）有限公司，总部设在上海，拥有 14 家分行、24 家支行。截至 2016 年年末，南洋商业银行（中国）有限公司的总资产为 1216 亿元人民币，其中存款、贷款余额分别为 773 亿元、546 亿元。[①]

集友银行于 1947 年 7 月 15 日在香港正式成立，在香港共有 24 家分行，在福州、厦门共设有 4 家分支机构，主要为闽港两地客户提供跨境金融服务。截至 2016 年 6 月，集友银行总资产达 561.86 亿港元，客户贷款 300.57 亿港元，客户存款 461.57 亿港元。[②]

在这两起出售事件中，出售主体皆为中国银行的子公司——中银香港。中银香港在香港拥有庞大的分行网络和多元化的服务渠道，包括 197 家分行和 1000 多部自助设备、网上银行及手机银行等电子渠道，为个人、各类企业及机构客户

---

① 资料来源：南洋商业银行官网。
② 资料来源：集友银行官网。

提供多元化的金融和投资理财服务。该行为香港三家发钞银行之一，也是香港人民币业务的清算行。2001年，中银集团重组其在香港的机构，合并了原中银集团香港12家银行中10家银行的业务，并同时持有在香港注册的南洋商业银行、集友银行和中银信用卡（国际）有限公司的股份权益。

出售过程

自"一带一路"倡议提出后，各大中资银行积极响应，优化银行境外机构布局，开展资源重组整合，推动境外业务持续健康发展。其中，出售与重组集团内部的资产与业务，将东盟部分机构和业务并入中银香港，是中国银行参与建设"一带一路"金融大动脉的重要举措，也是其增强集团国际竞争力的关键一步。

在成立之初，南洋商业银行的经营领域集中在零售市场，与其母行中国银行的客户群体并不相同，这有助于其发掘更多的潜在客户群体与市场。然而随着进一步的发展，南洋商业银行的市场定位与发展前景出现了一定的偏差，同中国银行与中银香港在业务和机构经营中逐渐产生了重叠，甚至一度被认为存在与母行抢占市场的行为，这在一定程度上造成了银行资源和客户的分散。同时，随着近年来中国进入经济发展新常态，经济增速有所放缓，南洋商业银行的坏账率出现恶化。瑞银集团发表的报告指出，此次出售行为发生前，南洋商业银行占中银香港整体资本及股本约15%和20%，但其近年的股本回报率徘徊在8%~10%，远远低于中银香港14%~15%的水平。与此同时，南洋商业银行在2014年实现的ROA（资产收益率）仅为0.94%，ROE（净资产收益率）为8.19%，均远低于集团平均水平。集友银行的经营情况虽要好于南洋商业银行，但是在发展过程中也与母行的业务出现了一定的冲突。

此外，结合"一带一路"的大背景，出售举措可为东盟部分机构和业务并入中银香港打下基础，促进中银香港加快进入东盟主流市场，配合中国银行国际化战略的推进，更好地支持人民币国际化进程和"21世纪海上丝绸之路"建设。[①]

基于多方面的考虑，中国银行于2015年5月21日发布公告称，拟出售中银香港旗下南洋商业银行股权，并重组东盟部分机构业务，开始了其资产出售之路。中国银行出售资产历程见案例表21。

案例表21　中国银行出售资产历程

时间	事件
2015.5.21	中国银行发布公告称拟出售中银香港旗下南洋商业银行股权并重组东盟部分机构业务。
2015.7.14	中国银行获得中国财政部批准，原则上同意中银香港（控股）直接拥有的全资子公司中国银行（香港）有限公司按照《金融企业国有资产转让管理办法》的有关规定，在依法设立的省级以上产权交易机构公开挂牌转让所持南洋商业银行100%股权。
2015.12.18	中国银行（香港）有限公司与信达金融控股有限公司（买方）及中国信达（香港）控股有限公司（买方担保人）签订股权买卖协议，出售南洋商业银行100%的股权，交易对价680亿港元。
2016.5.30	中银香港顺利完成交割，转让其所持南洋商业银行100%股权。该项目是首个国有控股金融机构（香港注册公司）持有的境外银行全部股权在中国内地产权交易平台通过公开挂牌方式出售的项目，也一举刷新了亚洲地区（日本除外）银行股权交易项目和中国并购市场金融机构资产交易项目的规模记录。

---

① 资料来源：新华网《中国银行售出、重组动作频频，东盟市场成参与"一带一路"关键点》，2015年5月22日。

时间	事件
2016.10.26	中国银行及其子公司中银香港均发布公告称，拟议出售集友银行 70.49% 的股权。
2016.12.22	中国银行发布公告称，中国银行（香港）有限公司（作为中国银行间接持有 66.06% 股权的附属公司）与厦门国际投资有限公司及福建省厦门市私立集美学校委员会就拟议出售集友银行有限公司合计 211.48 万股普通股（约占集友银行总发行股份 70.49%）签订股权买卖协议，交易对价总计 76.85 亿港元。
2017.3.24	中国银行及中银香港（控股）董事会宣布，股权买卖协议所述的各项先决条件已于 2017 年 3 月 24 日获得满足，拟议出售的交割将于 2017 年 3 月 27 日根据股权买卖协议的条款及条件进行。拟议出售交割后，集友银行将不再为中国银行、中银香港（控股）及中银香港各自的附属公司。

资料来源：浙大 CIFI，中国银行及中银香港公告，相关报道。

出售启示

中国银行出售资产事件是关乎中国银行及中银香港（控股）长远发展的战略性举措，有助于增强中国银行及中银香港（控股）的财务实力，释放出售资产的最大潜力。从中总结的启示有以下几点：

（1）银行进行资产出售有利于优化经营结构与财务指标

资产出售与重组计划的顺利完成对于中银香港来说是利好。在 2015 年 5 月 21 日公告日次日，中银香港股价随即上涨 8.16%，股价收盘于 33.15 港元。2015 年 5 月 18 日至 5 月 28 日中银香港股票收盘价走势如案例图 6 所示。

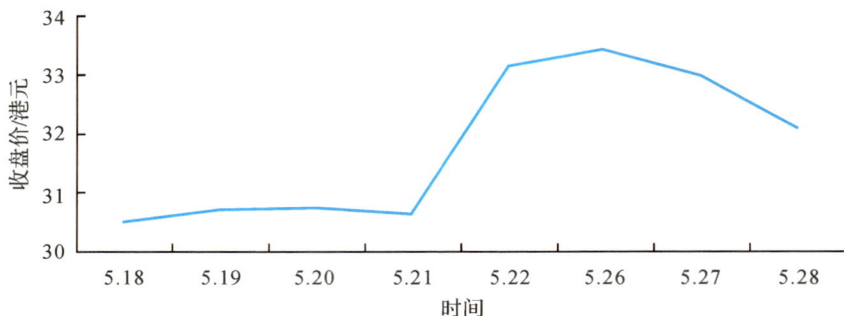

案例图 6　中银香港 2015 年 5 月 18 日至 2015 年 5 月 28 日股票收盘价变动情况

资料来源：浙大 CIFI，新浪财经。

不仅如此，受益于南洋商业银行的出售举措，中国银行非利息收入迅速增长。2016 年上半年，中国银行的非利息收入达 1070.37 亿元，实现了同比 40.52% 的增长，在营业收入规模中占比 40.87%。非利息收入的大幅增长主要来源于对南洋商业银行的出售，相应地确认了投资处置收益。2016 年 5 月 30 日，中国银行（香港）有限公司就出售所持南洋商业银行全部已发行股份与信达金融控股有限公司完成交割，这使当期中国银行子公司投资处置收益达 290.50 亿元，其他非利息收入达 592.10 亿元，同比增长 126.63%。

同时，资产出售也可以有效减少集团业务的重叠，提高资本运用效率，实现银行财务数据与经营结构的优化。

（2）银行可通过资产出售推进业务整合与区域战略发展

香港特区与东盟地域相近，文化相通，贸易及人员往来频繁，东盟地区一直以来都是中银集团境外业务发展的重点地区之一，也是人民币国际化和企业"走出去"的重点区域。资产出售行为一方面可以帮助中国银行解决机构重叠和资源分散等问题，简化管理链条，降低管理成本；另一方面，中银香港力求使资产出售与其东盟地区业务发展相结合，从而取得双赢。2016 年 10 月，中银香港完成了对中银马来西亚的收购，并于 2017 年 1 月收购中银泰国；2017 年 2 月，中银香港与母行就收购印尼业务和柬埔寨业务分别签订收购协定。中银香港希望通过资产出售与重组，为东盟地区人民币业务发展提供强有力的保障，利用客户开发、业务拓展、风险管理等方面的丰富经验，为东盟地区的中外资企业提供有效的金融服务支持。

附录一　银行国际化指数（BII）的构建

　　金融机构作为一类特殊的企业，其国际化是指该金融机构基于商业利润目标，积极拓展境外分支机构，形成广泛国际网络，全面发展国际业务的过程。《百舸争流——驰骋国际市场的中外资银行》在前两期"银行国际化系列报告"的基础上，简化和完善了银行国际化指数（bank internationalization index，BII），借以梳理全球银行国际化成果，对比各类银行国际化差异，探索银行国际化路线，从而帮助读者更直观地了解当前全球主要商业银行的国际化发展程度，也期望从一个侧面展示不同地区金融市场的开放与发展。

定义 BII

　　科学来讲，金融机构的国际化不仅体现在其境外业务的扩张及境外机构的设立上，更为重要的是其在国际金融市场中所掌握的话语权与定价权。同理，银行的国际化发展亦包含"硬实力"与"软实力"两个方面的整体提升。"硬实力"通过具体的数字得以体现（如境外机构数量、境外资产、境外营业利润等），可以展示一家银行国际化的基本水平；而"软实力"则无法通过简单的量化指标得以完全展现（如在国际金融业界的话语权、定价权等），且"软实力"的发展是国际化发展的更高水平。因为"软实力"的衡量标准难以确定，我们目前暂时以"硬实力"为主要描述对象。报告所述"银行国际化"是指商业银行基于商业利润目标，积极在境外拓展分支机构，参与跨境并购，形成广泛国际网络，全面发展境外存款、贷款、国际结算等业务的过程。

本期报告在前两期银行国际化指数（BII）的基础上，合理简化了指标体系，拓展了指标体系的适用范围：除对国际化发展具有代表性的中资银行以及全球系统重要性银行进行评分外，还选取了部分非系统重要性跨国银行，对其国际化进行分析，以更加全面地掌握全球银行业的国际化现状。

需要明确的是，中资银行的 BII 着重研究中资银行的境外发展而非国外发展，我国港澳台地区均以境外地区计算，主要是考虑到港澳台地区的市场规则、开放程度等更接近国际市场，中资银行在这些地区的业务尝试与探索亦是对国际市场的接触与适应。外资银行的 BII 在测算过程中则因受数据限制的影响而对部分银行境外地区的范围予以近似处理。

编制 BII

本期报告编制 BII 以系统性、科学性与动态可调整性为总体原则，从指标选取到模型建立，均在专家团队的指导下进行，以确保对中外资银行国际化水平的客观、合理衡量。

➢ BII 编制原则

（1）全面性和系统性相结合。在选取 BII 指标时，我们除关注银行进入境外市场的方法、路径外，还强调了银行进入境外市场后的业务开展状况，力图使 BII 既反映中外资银行在世界范围内的覆盖广度，又体现其在某一地区的发展深度，尽可能合理、真实、全面地反映中外资银行在境外的发展情况。在注重单个指标概念与内涵的同时，也考虑了指标之间的系统性和相关性，使整个指标体系多元统一，从不同角度、不同层次综合反映各家银行的国际化。

（2）坚持科学性与可操作性。BII 的设计，基于传统国际金融、公司金融和商业银行经营管理理论，结合中外资银行境外发展的现状和特点及具体案例，既揭示了银行国际化的普遍规律，又反映出不同类型银行境外发展的差异性。同时，为更好地了解中外资银行境外发展的现状，我们尽可能地确保数据的可得性与可操作性，对于少量无法直接获取的数据，结合已有数据和信息进行估算，以提高数据可信度。

（3）兼顾稳定性与灵活性。为确保评估结果的现实解释力和可持续性，BII 的指标及其权重设法保持了一定的稳定性，减少频繁变动，但稳定并不意味着僵化。金融机构的国际化是一项长期战略，其境外发展在不同阶段也有着不同的特征。为准确、客观地反映中外资银行国际化进程，我们在编制 BII 指标和确定各指标权重时会与中外资银行的国际化实践相结合，在不同阶段做出动态调整。

➢ **BII 指标体系**

本期报告的 BII 体系有所调整，在以往 BII 八大指标的基础上进行了分类，一级指标主要用于得出 BII 评分，二级指标将在行文分析中进行详细解读。

对各指标的具体内涵解释如下：

（1）境外资产占比。通过境外资产占比衡量各银行境外发展的成果和后续发展的基础，同时，资产是规模的基本体现，该指标可以直接反映出各银行境外资产规模的差异。

（2）境外客户存款占比。存款是客户对银行认可度的一种体现，境外客户存款占比可以体现银行在境外的认可度，但存款客户的类型也值得注意，对中资银行而言，外籍客户数量相比海外华籍客户数量更能体现银行的国际化水平。

（3）境外客户贷款占比。从中资银行的角度来看，贷款利息仍是中资银行盈利的主要来源，贷款数量及其占比可以反映出中资银行的境外主营业务发展情况。

（4）境外营业收入占比。通过境外营业收入占比可以反映出银行的境外业务拓展情况。

（5）境外利润占比。该指标主要反映银行境外盈利水平，具有十分重要的意义，在数据可以获得的前提下，该指标均选取税前利润。

（6）机构所在国家数。境外机构覆盖的国家与地区数目越多，说明该银行的国际化水平越高，该指标主要体现银行境外机构的分布广度。同时，为与其他相对性指标保持一致，我们以世界主要国家数（以各年联合国会员国数目代替）为基准，对该指标进行衡量。

（7）境外分支机构占比。与机构所在国家数相区别，该指标重在体现银行境外机构的分布深度，境外机构占比越高，银行国际化程度越高。

（8）境外雇员占比。境外雇员占比亦是体现银行国际化水平的一项重要指标，但某些银行业务对雇员数量的要求不高，因此应与其他指标相结合。

BII 内涵

BII 的内涵应做如下解读：如果某家银行的境外业务为其全部业务，即该银行的所有活动均在境外进行，完全以国际市场作为自己的发展领域，则其指标得分值应为 100；反之，若该银行的经营活动完全不涉及境外市场，所有业务均在境内进行，则其指标得分值应为 0。所以，BII 的数值越大，表明该银行在经营活动中越多地参与国际市场，其国际化程度便越高。

当然，一家银行若是有国际化发展的必要，其国际化发展必然会经历由国内市场到国际市场的过程。一般而言，大多数银行不会放弃国内市场而完全依赖国际市场谋求发展，因此，并不会出现某家银行 BII 得分高达 100 分的情况。同时，由于我国金融市场的开放时间较短，中资银行的国际化水平仍然较低，因此 BII 得分可能大多偏低，体现出其未来较大的成长空间。

BII 数据处理

本期报告的研究对象集中于中资大型商业银行、中资股份制商业银行、全球系统重要性银行及部分非系统重要性跨国银行。选取大型商业银行和股份制商业银行作为研究对象，旨在揭示中资商业银行的国际化路径和现状，力图为此类银行日后的发展提供参考；选取全球系统重要性银行则是为了对当今世界银行国际化发展的前沿水平有所了解，并据此为中资商业银行的国际化发展路径提供借鉴；选取非系统重要性跨国银行是为了补充完善报告分析主体，更加全面地展现当今世界银行业的国际化现状。

本期报告的分析数据均来自于各家银行的官方年度报告。中资银行中，同时发布 A 股和 H 股年报的银行，选取其 A 股年度报告作为原始资料来源；外资银行中，年报来源以美国证监会网站 10-k、20-F 类型文件及各家银行官网披露文件为准。

从指数评价的时间来看，大型商业银行的境外数据多从 2007 年开始有较高的可得性，股份制商业银行可得数据的时间则更为分散，外资银行因为发展时间较为久远，数据可得时间更长。同时，随着各家银行对年度报告统计规则的调整，境外数据的可得性会出现变化。例如，有多家银行在年度报告中，将境外数据归入其他地区统一报告，无法进行详细区分。对于数据缺失的情况，本期报告采取两种方式进行处理。其一，对数据缺失时间较短（1~2 年）、有平稳发展规律的指标数据，采用适当的方法进行合理估计，估值尽可能地考虑发展趋势和各类影响因素。虽然估计值会与真实值有所出入，但两者差异较小，应该不会对 BII 造成实质性的影响。随着中资银行国际化程度的加深，此类指标的资料来源和数据质量都将得到改善，因此这类指标仍然予以保留。其二，对数据缺失年限较长、无法进行合理估值的指标，我们不再将其纳入国际化评价的指标体系。

值得注意的是，BII 体系是开放且保持动态调整的。随着中资银行"走出去"步伐的不断加快，"走出去"方式的逐渐多样，中资银行的国际化统计指标一定会更加完善。一方面，会有更多中资银行对境外数据进行披露报告，信息的透明度将大大提高；另一方面，会有更多衡量银行国际化水平的指标被纳入 BII 的评价体系当中。在本系列报告后续的编制过程中，我们会依据各阶段的现实情况对指标体系进行调整和完善，力求提高银行国际化指数的准确性和科学性，为中资银行的国际化经营提供更多、更好、更直观的决策依据。

附录二　中英文发布稿

百舸争流
——驰骋国际市场的中外资银行

浙江大学互联网金融研究院（AIF）携手中国人民大学国际货币研究所（IMI）共同发布

2016 年，世界经济缓慢复苏，各国政策不确定性加大，中国经济发展缓中趋稳，供给侧改革初步推进，"一带一路"倡议、金砖国家合作机制逐步深化。在此背景下，浙江大学互联网金融研究院金融国际化工作室推出了"银行国际化系列报告"的第三期成果：《百舸争流——驰骋国际市场的中外资银行》。与前两期报告相比，本期报告的银行国际化指数（BII）评分体系更加简洁，以境外资产积累、境外经营成果和全球布局等直接反映银行国际化水平的三大指标作为一级指标，直接得出 BII 评分，并设置相应二级指标，在行文分析中进行详细解读。全篇报告对国际银行业的分析拓展至全球非系统重要性跨国银行，从中资银行的国际化到对标国际一流的新高度，再到放眼全球的多维度视角，对全球银行业的国际化现状进行展现与分析，进而挖掘银行业国际发展的因缘与意义，提供合理的国际化策略建议。

➤ 全球银行业的国际化

本期报告选取了全球 49 家银行参与 BII 测评，既包含资产规模庞大的跨国银行，也囊括中小型股份制银行，从欧美至亚非，涵盖范围广泛，BII 变动也颇能展现 2007—2016 年全球银行业的国际化水平波动情况（见图 1）。

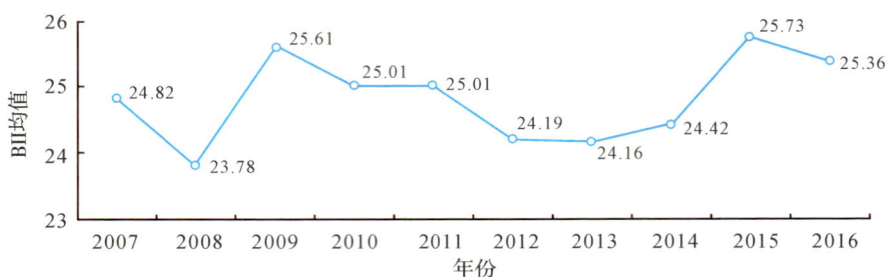

图 1　2007—2016 年全球银行 BII 均值

2007—2016 年，全球银行业 BII 均值均在 23~26 间波动。自 2009 年金融危机影响逐渐显现并蔓延以来，全球银行业的国际化水平有所下降。本期报告的BII 分值以境外资产积累、境外经营成果、全球布局情况综合而成。欧美国家跨国银行多在 20 世纪 80 年代全球国际化浪潮席卷之际大规模开展跨国活动，进入21 世纪后国际化水平趋稳，且受到近年全球经济低迷的影响国际化战略有所调整或收敛；新兴经济体正蓬勃发展，银行的跨国经营正处于积极探索阶段，有上升趋势却也易受全球经济环境的影响而出现较大波动。两者综合，使得全球银行业的国际化水平多在中等区域徘徊并随全球经济起伏而波动。

➤ 发达国家银行与发展中国家银行间的国际化差异明显

参与 BII 评分的发达国家银行共 29 家，来自 14 个国家，发展中国家银行共20 家，来自 5 个国家。

发达国家银行和发展中国家银行间的国际化水平有显著差距，发达国家银行的 BII 均值大约是发展中国家银行的 4 倍，但差距在逐年收窄。根据 BII 测评体系，发达国家银行的 BII 均值始终在 30 分以上，发展中国家银行的 BII 均值 2014 年以来刚刚超过 10 分（见图 2）。从国际化水平来看，发达国家银行国际化探索早、水平高，短期内不会被发展中国家银行超越；从国际化发展速度来看，发达国家银行 BII 基本持平不变，发展中国家银行 BII 持续攀升，反映了其不断加大的国际化步伐。

图 2　2007—2016 年发达国家银行、发展中国家银行和全球银行 BII 均值

发达国家银行中，欧洲银行业的国际化水平最高，发展中国家银行间的国际化水平相距较近，金砖国家 BII 平均分值达 10.38。欧洲银行业 2016 年 BII 平均分值为 44.63，显著高于世界其他地区，其优异的国际化表现得益于欧洲各国紧密的地理与经济联系，以及早期银行业的先发优势。发展中国家银行中，来自巴西 1 家、俄罗斯 2 家、印度 4 家、中国 10 家、南非 3 家。除中国选取了 5 家大型商业银行与 5 家股份制银行外，其余 4 个国家均选取了当地规模名列前茅的商业银行，各国大型银行间的国际化水平相近，表现尚佳（见图 3）。

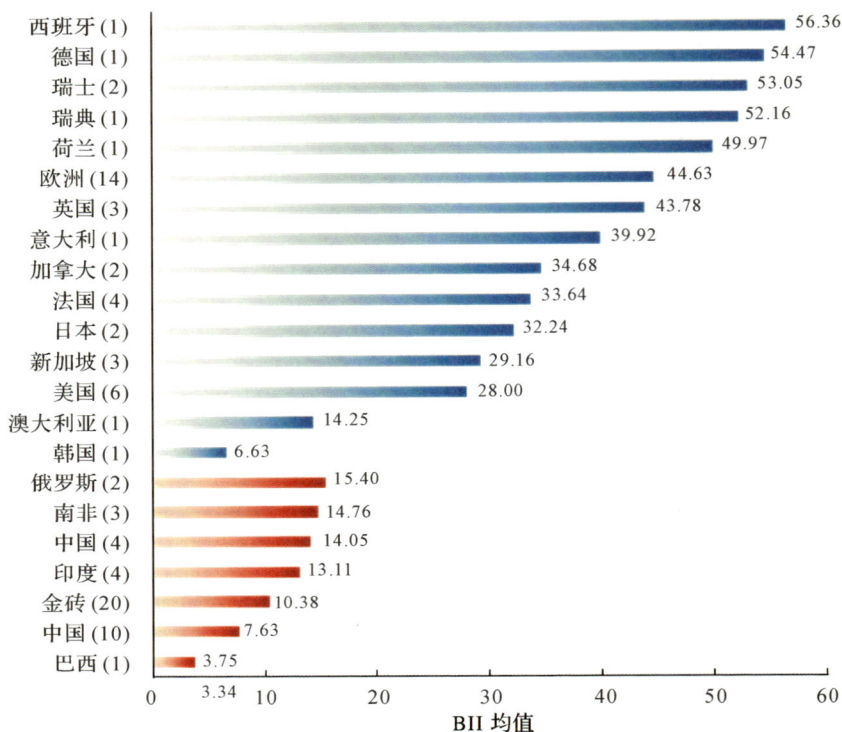

图 3　不同国家、地区银行 2016 年的 BII 均值

注：图中蓝色柱为发达国家银行 2016 年 BII 均值，红色柱为发展中国家银行 2016 年 BII 均值。纵轴各国/地区/组织名称后数字表示参评银行数目，其中"中国（4）"代表中国四大行 BII 均值，"中国（10）"代表中国全部 10 家参评银行 BII 均值。

> ## 系统重要性银行引领全球银行业国际化发展

参与 BII 评分的系统重要性银行共 26 家，来自 11 个国家，非系统重要性银行共 23 家，来自 9 个国家。其中，中国有 4 家银行属于系统重要性银行，6 家银行属于非系统重要性银行。

　　系统重要性银行的国际化水平始终居于高位，2007—2016 年，其 BII 分值大多维持在非系统重要性银行的 2.5 倍左右（见图 4）。系统重要性银行中除中国的 4 家银行外，均来自发达国家且国际影响力深远，悠久的国际化历史奠定了这些银行较高的国际化水平。在本期报告中，非系统重要性银行中也有来自发达国家的跨国银行，它们虽未进入 G-SIBs 名单，国际化发展却依然可观，因而 BII 平均水平相比发展中国家银行仍高出 0.5~1.0 倍，但国际化提升趋势不甚明显。

图 4　2007—2016 年系统重要性银行、非系统重要性银行和全球银行 BII 均值

　　系统重要性银行中，西班牙银行（西班牙国际银行）的国际化表现优异，德国、瑞士、瑞典、荷兰 4 国银行的 BII 分值超过英美两国；非系统重要性银行中，加拿大、新加坡银行的国际化水平最高。中资银行是唯一进入系统重要性银行的发展中国家银行，虽然全球影响力较其他发展中国家银行获得了更进一步的认可，但中资银行的 BII 平均分值距离其他发达国家银行尚有不小差距，约为前一名美国 6 家银行 BII 平均分值的一半。非系统重要性银行中，加拿大与新加坡银行的 BII 表现显著优于其他国家银行，接近俄罗斯两家银行 BII 均值的 2 倍（见图 5）。

这种情况，对加拿大银行业而言，与其在欧美的广泛布局与深入发展有关；对新加坡银行业而言，是其亚洲业务发展卓有成效的表现。

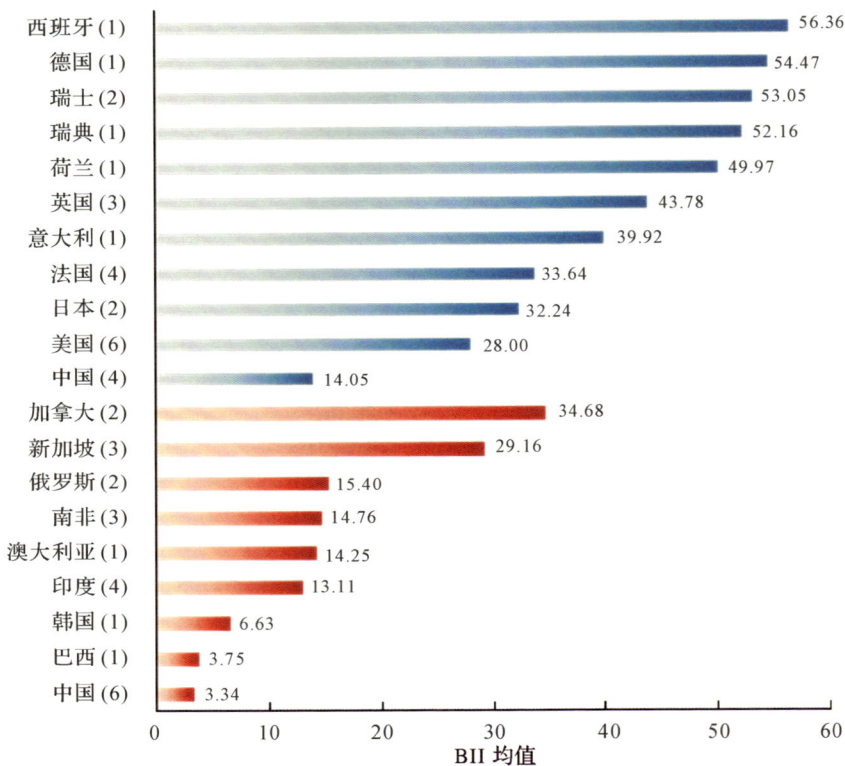

国家	BII 均值
西班牙(1)	56.36
德国(1)	54.47
瑞士(2)	53.05
瑞典(1)	52.16
荷兰(1)	49.97
英国(3)	43.78
意大利(1)	39.92
法国(4)	33.64
日本(2)	32.24
美国(6)	28.00
中国(4)	14.05
加拿大(2)	34.68
新加坡(3)	29.16
俄罗斯(2)	15.40
南非(3)	14.76
澳大利亚(1)	14.25
印度(4)	13.11
韩国(1)	6.63
巴西(1)	3.75
中国(6)	3.34

BII 均值

图 5　各国银行 2016 年 BII 均值

注：图中蓝色柱为系统重要性银行2016年BII均值，红色柱为非系统重要性银行2016年BII均值。纵轴各国名称后数字表示参评银行数目，其中"中国（4）"代表中国四大行BII均值，"中国（6）"代表中国6家非系统重要参评银行BII均值。

续表

➤ 不同类型银行 2016 年 BII 排名（节选）

2016 年，全球银行 BII 分值前十名均为发达国家银行与系统重要性银行，且基本来自欧洲地区；发展中国家 BII 前十名中印度、南非各有 3 家，中国、俄罗斯各有 2 家（见表 1）。全球 BII 前 20 名银行均为发达国家银行，其中，法国有 3 家，英国、美国、日本、加拿大、新加坡各有 2 家。发展中国家在前 50% 的排名（即前 25 名）中仅有中国银行 1 家占据第 21 位，南非标准银行、巴罗达银行、俄外贸银行、中国工商银行则进入了排名前 30 位，除中国银行与南非标准银行外，其余发展中国家银行 2016 年 BII 分值均在 20 以下（见表 2）。

表 1 不同类型银行 2016 年 BII 情况

BII 排名	全球银行	2016年 BII	系统重要性银行	2016年 BII	非系统重要性银行	2016年 BII
1	渣打银行	67.46	渣打银行	67.46	加拿大丰业银行	39.01
2	西班牙国际银行	56.36	西班牙国际银行	56.36	华侨银行	31.82
3	汇丰银行	55.37	汇丰银行	55.37	蒙特利尔银行	30.35
4	瑞银集团	54.71	瑞银集团	54.71	大华银行	30.03
5	德意志银行	54.47	德意志银行	54.47	星展银行	25.61
6	瑞典北欧联合银行	52.16	瑞典北欧联合银行	52.16	南非标准银行	20.62
7	花旗集团	51.77	花旗集团	51.77	巴罗达银行	18.14
8	瑞士瑞信银行	51.38	瑞士瑞信银行	51.38	俄外贸银行	17.45
9	荷兰国际集团	49.97	荷兰国际集团	49.97	印度银行	15.18
10	法国兴业银行	42.93	法国兴业银行	42.93	澳大利亚联邦银行	14.25

续表

BII 排名	发达国家银行	2016年 BII	新兴市场国家银行	2016年 BII	中资银行	2016年 BII
1	渣打银行	67.46	中国银行	26.62	中国银行	26.62
2	西班牙国际银行	56.36	南非标准银行	20.62	中国工商银行	15.96
3	汇丰银行	55.37	巴罗达银行	18.14	中国建设银行	8.25
4	瑞银集团	54.71	俄外贸银行	17.45	交通银行	8.12
5	德意志银行	54.47	中国工商银行	15.96	中国农业银行	5.37
6	瑞典北欧联合银行	52.16	印度银行	15.18	中信银行	3.92
7	花旗集团	51.77	俄储蓄银行	13.35	上海浦东发展银行	2.95
8	瑞士瑞信银行	51.38	南非莱利银行	12.17	招商银行	2.63
9	荷兰国际集团	49.97	第一兰特银行	11.51	光大银行	1.43
10	法国兴业银行	42.93	印度国家银行	11.46	广发银行	1.01

注：花旗集团、加拿大丰业银行、俄外贸银行、俄储蓄银行2016年数据有缺失，但前几年数据较全，本表对其 BII 值进行了合理预测。

表 2 全球银行 2016 年 BII 情况

BII 排名	银行名称	国家	2016 年 BII
1	渣打银行（Standard Chartered）	英国	67.46
2	西班牙国际银行（Santander）	西班牙	56.36
3	汇丰银行（HSBC）	英国	55.37
4	瑞银集团（UBS）	瑞士	54.71
5	德意志银行（Deutsche Bank）	德国	54.47
6	瑞典北欧联合银行（Nordea）	瑞典	52.16
7	花旗集团（Citigroup）	美国	51.77
8	瑞士瑞信银行（Credit Suisse）	瑞士	51.38

续表

BII 排名	银行名称	国家	2016 年 BII
9	荷兰国际集团（ING Bank）	荷兰	49.97
10	法国兴业银行（Société Générale）	法国	42.93
11	法国巴黎银行（BNP Paribas）	法国	40.18
12	联合信贷集团（Unicredit Group）	意大利	39.92
13	加拿大丰业银行（Bank of Nova Scotia）	加拿大	39.01
14	三菱东京日联银行（Bank of Tokyo-Mitsubishi UFJ）	日本	36.69
15	华侨银行（Oversea-Chinese Banking Corporation）	新加坡	31.82
16	高盛集团（Goldman Sachs）	美国	31.59
17	法国农业信贷银行（Groupe Crédit Agricole）	法国	31.07
18	蒙特利尔银行（Bank of Montreal）	加拿大	30.35
19	大华银行（United Overseas Bank）	新加坡	30.03
20	日本瑞穗金融集团（Mizuho FG）	日本	27.79
21	中国银行（Bank of China）	中国	26.62
22	摩根大通（JP Morgan Chase）	美国	25.95
23	星展银行（Development Bank of Singapore）	新加坡	25.61
24	摩根士丹利（Morgan Stanley）	美国	23.00
25	纽约梅隆银行（Bank of New York Mellon）	美国	20.63
26	南非标准银行（Standard Bank of South Africa）	南非	20.62
27	法国 BPCE 银行集团（Groupe BPCE）	法国	20.39
28	巴罗达银行（Bank of Baroda）	印度	18.14
29	俄外贸银行（Vneshtorbank）	俄罗斯	17.45
30	中国工商银行（Industrial and Commercial Bank of China）	中国	15.96
31	印度银行（Bank of India）	印度	15.18

续表

BII 排名	银行名称	国家	2016 年 BII
32	美国银行（Bank of America）	美国	15.08
33	澳大利亚联邦银行（Commonwealth Bank of Australia）	澳大利亚	14.25
34	俄储蓄银行（Sberbank）	俄罗斯	13.35
35	南非莱利银行（Nedbank）	南非	12.17
36	第一兰特银行（FirstRand）	南非	11.51
37	印度国家银行（State Bank of India）	印度	11.46
38	苏格兰皇家银行（Royal Bank of Scotland）	英国	8.51
39	中国建设银行（China Construction Bank）	中国	8.25
40	交通银行（Bank of Communications）	中国	8.12
41	旁遮普国家银行（Punjab National Bank）	印度	7.65
42	新韩银行（Shinhan Bank）	韩国	6.63
43	中国农业银行（Agricultural Bank of China）	中国	5.37
44	中信银行（China Citic Bank）	中国	3.92
45	布拉德斯科银行（Banco Bradesco）	巴西	3.75
46	上海浦东发展银行（SPD Bank）	中国	2.95
47	招商银行（China Merchants Bank）	中国	2.63
48	光大银行（China Everbright Bank）	中国	1.43
49	广发银行（China Guangfa Bank）	中国	1.01

注：花旗集团、摩根士丹利、纽约梅隆银行、加拿大丰业银行、俄外贸银行、俄储蓄银行 2016 年数据有缺失，但前几年数据较全，本表对其 BII 值进行了合理预测。

East or West, Home is Best?
—— Are Banks Becoming More Global or Local?

Academy of Internet Finance (AIF), Zhejiang University

in partnership with

International Monetary Institute (IMI), Renmin University of China

The past year witnessed the sluggish recovery of world economy and increasing political risks across the globe, during which China has maintained an albeit moderate, evidently stabilizing economic growth. Admirable progress has been made in both the revolution of supply-side policies and the"Belt and Road"initiatives along with strengthening cooperation amongst BRICS economies. Celebrating the trend, the third issue of its kind *East or West, Home is Best?—— Are Banks Becoming More Global or Local?* is released.

The 2017 issue features the construction of a more compact Bank Internationalization Index (BII) as opposed to its preceding issues. Specifically, stock of overseas assets, performance of overseas operations and global layout, all of which are the main indicators of banks' degree of internationalization, are selected for computing the primary BII. Indicators of less importance are integrated for computing a secondary index and further analysis.

While the preceding issues mainly focused on Global Systematically Important

Banks (G-SIBs), the current issue also investigates Global Non Systematically Important Banks (G-NSIBs). With a global perspective and benchmarking global leaders, the report provides a comprehensive study of the internationalization of Chinese banks. It also contributes to the extant literature by analyzing the internationalization of banks at a global scale, exploring the causes and significance of bank internationalization, and eventually, offering constructive recommendations for banks' internationalization strategies.

The 2017 report has drawn on data of 49 international banks, ranging from multinational banks with large scale of assets to medium or small-sized shareholding commercial banks at their initial attempts of overseas expansion. This corresponds to a wide continental coverage encompassing Europe, America, Asia as well as Africa. With such diversity, our dataset serves as a sound representative of global banks, hence the dynamics of BII is a good reflection of the bank internationalization development over the last decade.

Major Findings and Conclusions

· A snapshot of the BII dynamics

➢ The BII has been fluctuating within a 23~26 band over the last decade, trending downwards with the contagious dissemination and aftermath of the financial crisis around 2009 but started picking up since 2013, followed by a slowdown since 2015 (See Figure 1).

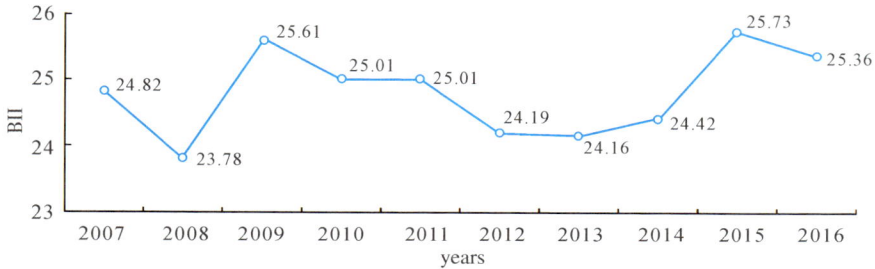

Figure 1　Average BII of 49 Banks

➤ In general, the high volatility and stunted growth of BII throughout the period might be attributed to the strategic contraction of globalization and the susceptibility of overseas operations in the event of adverse global shocks such as the global economic recessions over the recent years.

➤ Banks from developed economies have maintained a stable and high level of internationalization. While developing economies have been catching up with remarkable achievements, the gap between the two is expected to remain large within the short horizon.

· Comparison between developed and developing economies

➤ The gap between developed and developing economies is evident, with the former almost quadrupling the latter on average, yet the gap has been narrowing year by year (See Figure 2).

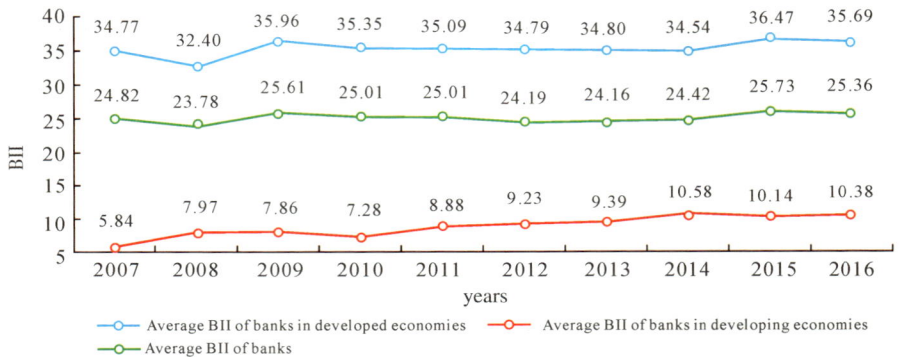

Figure 2 BII Comparison between Developed Economies and Developing Economies

➤ Amid the developed economies examined, European banks have performed the best while the disparity is less obvious among the developing economies with BRICS economies receiving a mean score of 10.38 (See Figure 3).

➤ On the whole, the top 10 banks of 2016 BII ranking are either G-SIBs or those from developed economies, heavily dominated by European banks. Within developing economies, the top 10 banks are split among India and South Africa, both with 3 banks, as well as China and Russia, both with 2 banks (See Figure 4).

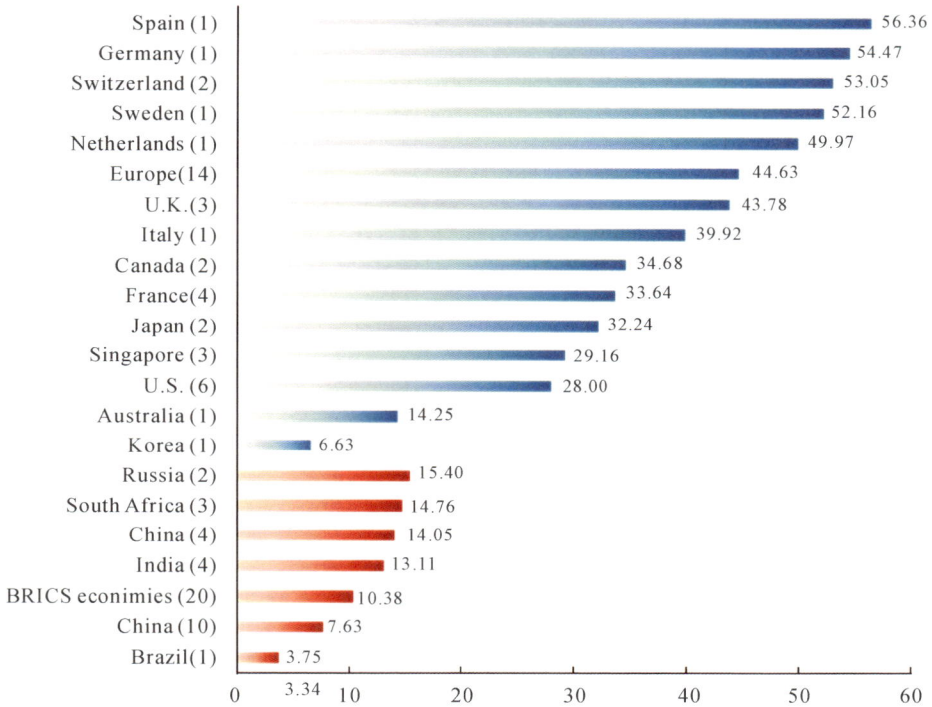

Spain (1)	56.36
Germany (1)	54.47
Switzerland (2)	53.05
Sweden (1)	52.16
Netherlands (1)	49.97
Europe(14)	44.63
U.K.(3)	43.78
Italy (1)	39.92
Canada (2)	34.68
France(4)	33.64
Japan (2)	32.24
Singapore (3)	29.16
U.S. (6)	28.00
Australia (1)	14.25
Korea (1)	6.63
Russia (2)	15.40
South Africa (3)	14.76
China (4)	14.05
India (4)	13.11
BRICS econimies (20)	10.38
China (10)	7.63
Brazil(1)	3.75

Figure 3 BII of Banks in Different Countries

Notes: The blue bars in the figure stand for the average BII of banks from developed economies in 2016, while the red bars stand for the average BII of banks from developing economies in 2016. The figure following the names of economies/districts/organizations in the vertical coordinates stands for the number of banks investigated in the BII system. China(4) stands for the 4 major state-owned commercial banks in China, and China(10) stands for all the Chinese banks investigated in the BII system.

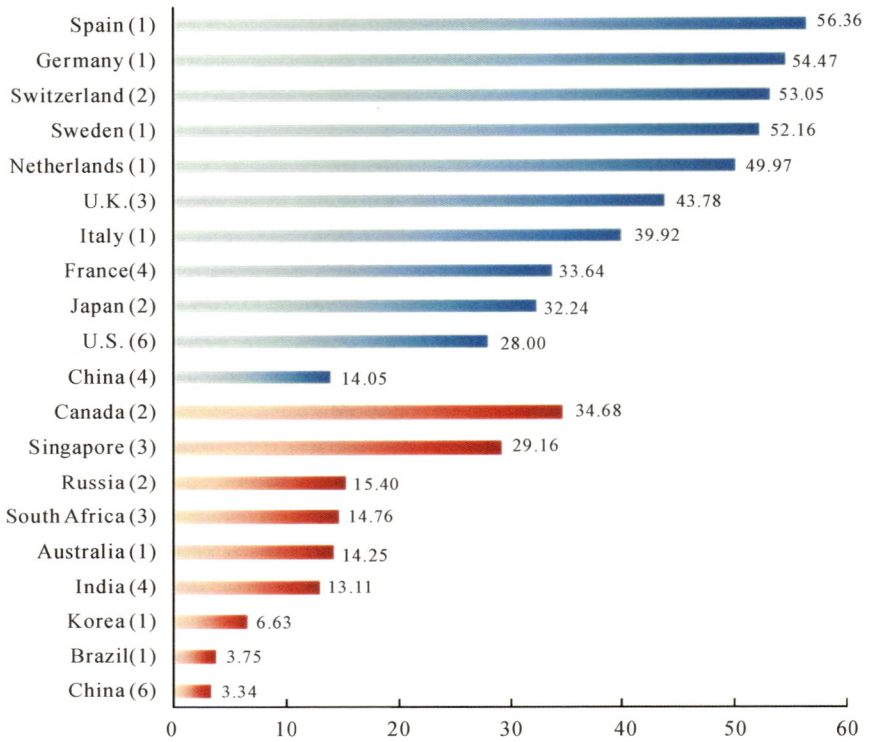

Figure 4　BII of G–SIBs and G–NSIBs

Notes: The blue bars in the figure stand for the average BII of the G-SIBs, while the red bars stand for the average BII of G-NSIBs. The figure following the names of economies/districts/organizations in the vertical coordinates stands for the number of banks investigated in the scoring system. China(4) stands for the 4 major state-owned commercial banks in China, and China(6) stands for the average BII of the 6 G-NSIBs in China.

· G-SIBs leading the way in the global internationalization development scenery

➢ In terms of global leadership, the G-SIBs are proven to be dominating the internationalization development scenery, remaining on top of the BII ranking consistently, and scoring almost 2.5 times that of G-NSIBs (See Figure 5).

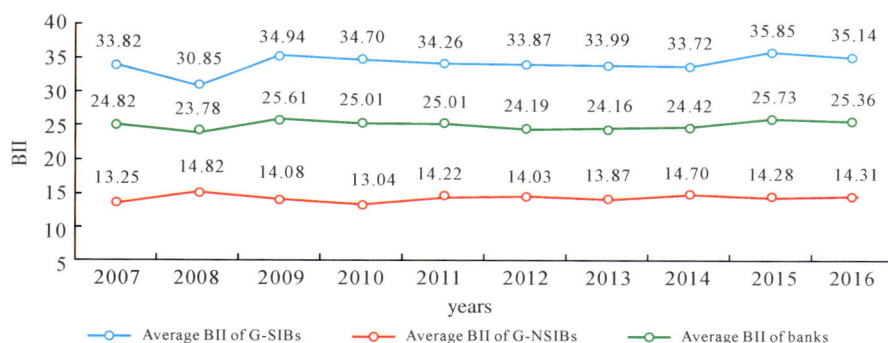

Figure 5 BII Comparison between G–SIBs and G–NSIBs

➢ Within the G-SIBs, Banco Santander in Spain has performed extraordinarily. G-SIBs from Germany, Switzerland, Sweden and Netherlands have all outperformed those from the U.K. and the U.S. When it comes to G-NSIBs, banks from Canada and Singapore stood out (See Table 1).

Table 1 BII Rankings in 2016

BII Rankings	All 49 Banks	BII in 2016	G-SIBs	BII in 2016	G-NSIBs	BII in 2016
1	Standard Chartered	67.46	Standard Chartered	67.46	Bank of Nova Scotia	39.01
2	Santander	56.36	Santander	56.36	OCBC	31.82
3	HSBC	55.37	HSBC	55.37	Bank of Montreal	30.35
4	UBS	54.71	UBS	54.71	United Overseas Bank	30.03
5	Deutsche Bank	54.47	Deutsche Bank	54.47	DBS	25.61
6	Nordea	52.16	Nordea	52.16	Standard Bank of South Africa	20.62
7	Citigroup	51.77	Citigroup	51.77	Bank of Baroda	18.14
8	Credit Suisse	51.38	Credit Suisse	51.38	Vneshtorbank	17.45
9	ING Bank	49.97	ING Bank	49.97	Bank of India	15.18
10	Société Générale	42.93	Société Générale	42.93	Commonwealth Bank of Australia	14.25
BII Rankings	Banks from Developed Economies	BII in 2016	Banks from Developing Economies	BII in 2016	Chinese Banks	BII in 2016
1	Standard Chartered	67.46	BOC	26.62	BOC	26.62
2	Santander	56.36	Standard Bank of South Africa	20.62	ICBC	15.96
3	HSBC	55.37	Bank of Baroda	18.14	CCB	8.25
4	UBS	54.71	Vneshtorbank	17.45	BOC	8.12
5	Deutsche Bank	54.47	ICBC	15.96	ABC	5.37
6	Nordea	52.16	Bank of India	15.18	China Citic Bank	3.92
7	Citigroup	51.77	Sberbank	13.35	SPD Bank	2.95

Continued

BII Rankings	Banks of Developed Economies	BII in 2016	Banks of Developing Economies	BII in 2016	Chinese Banks	BII in 2016
8	Credit Suisse	51.38	Nedbank	12.17	China Merchants Bank	2.63
9	ING Bank	49.97	FirstRand	11.51	China Everbright Bank	1.43
10	Société Générale	42.93	State Bank of India	11.46	China Guangfa Bank	1.01

Notes: Some data of Citigroup, Morgan Stanley, Bank of New York Mellon, Scitiabank and Vneshtorbank in 2016 is missing. The chart made reasonable predictions for their BII scores.

➢ Nearly all the G-SIBs are from developed economies, with Chinese banks as the only exception. They have proven to be more influential and better recognized globally than their peers from developing economies, although their mean score of BII only halves that of the 6 American banks ranking right in front of them (See Table 2).

Table 2 BI Rankings of all 49 Banks in 2016

BII Rankings	Banks	Countries	BII
1	Standard Chartered	U.K.	67.46
2	Santander	Spain	56.36
3	HSBC	U.K.	55.37
4	UBS	Switzerland	54.71
5	Deutsche Bank	Germany	54.47
6	Nordea	Sweden	52.16

Continued

BII Rankings	Banks	Countries	BII
7	Citigroup	U.S.	51.77
8	Credit Suisse	Switzerland	51.38
9	ING Bank	Netherlands	49.97
10	Société Générale	France	42.93
11	BNP Paribas	France	40.18
12	Unicredit Group	Italy	39.92
13	Bank of Nova Scotia	Canada	39.01
14	Bank of Tokyo—Mitsubishi UFJ	Japan	36.69
15	Oversea–Chinese Banking Corporation	Singapore	31.82
16	Goldman Sachs	America	31.59
17	Groupe Crédit Agricole	France	31.07
18	Bank of Montreal	Canada	30.35
19	United Overseas Bank	Singapore	30.03
20	Mizuho FG	Japan	27.79
21	Bank of China	China	26.62
22	JP Morgan Chase	U.S.	25.95
23	Development Bank of Singapore	Singapore	25.61
24	Morgan Stanley	U.S.	23.00
25	Bank of New York Mellon	U.S.	20.63
26	Standard Bank of South Africa	South Africa	20.62
27	Groupe BPCE	France	20.39
28	Bank of Baroda	India	18.14
29	Vneshtorbank	Russia	17.45

Continued

BII Rankings	Banks	Countries	BII
30	Industrial and Commercial Bank of China	China	15.96
31	Bank of India	India	15.18
32	Bank of America	U.S.	15.08
33	Commonwealth Bank of Australia	Australia	14.25
34	Sberbank	Russia	13.35
35	Nedbank	South Africa	12.17
36	FirstRand	South Africa	11.51
37	State Bank of India	India	11.46
38	Royal Bank of Scotland	U.K.	8.51
39	China Construction Bank	China	8.25
40	Bank of Communications	China	8.12
41	Punjab National Bank	India	7.65
42	Shinhan Bank	Korea	6.63
43	Agricultural Bank of China	China	5.37
44	China Citic Bank	China	3.92
45	Banco Bradesco	Brazil	3.75
46	SPD Bank	China	2.95
47	China Merchants Bank	China	2.63
48	China Everbright Bank	China	1.43
49	China Guangfa Bank	China	1.01

Notes: Some data of Citigroup, Morgan Stanley, Bank of New York Mellon, Scitiabank, Vneshtorbank and Sberbank in 2016 is missing. The chart made reasonable predictions for their BII scores.

附录三 2016 年银行国际化十大趋势

趋势 1 各国政策不确定性加大，银行海境外经营愈加谨慎

FX168 财经报社 2016 年 6 月 30 日报道，英国脱欧公投后，亚洲银行正密切关注英国政治和经济动态。新加坡大华银行采取了紧急行动，暂停其对伦敦房产的借贷项目。新加坡人是近年来伦敦房产的最大买家之一，大华银行作为新加坡第三大银行也成为英国房产的主要房贷供应商。亚洲新闻援引大华银行员工邮件称："英国脱欧公投的结果未明，带来不确定性，我们需要确保我们的客户对伦敦房产投资小心谨慎。我们正密切关注市场环境的变化，将频繁评估和决定何时重启伦敦房产贷款供应。"[①]

趋势 2 世界经济深度调整，部分银行或现收缩态势

2016 年 5 月 12 日，苏格兰皇家银行宣布，将裁剪 200 个位于零售银行部门的工作岗位，继续关闭分支机构。在此前两年中，该行关闭的分支机构已达到 32 家，加上本次将要关闭的 20 家分行，关闭分支机构的总数达到 52 家。与此同时，德意志银行也在积极落实"理顺全球足迹"的 2020 战略计划，2016 年相继出售位于阿根廷和墨西哥的分支机构。此外，花旗集团也在收缩境外业务活动范围，2016 年 11 月 17 日，该集团表示已决定将加拿大地区贷款分支机构卖给当地私人资本公司 JC Flowers and Varde Partners。[②]

---

① 资料来源：FX168 财经报社。
② 资料来源：中华人民共和国商务部、瑞银集团官网、FX168 财经报社。

趋势 3 跨境实时支付实践增多,促进银行国际业务效率提升

2016 年 9 月 23 日,西班牙国际银行宣布成立"全球支付领导小组",发展同其他国家之间的实时国际支付业务,为使用区块链技术的国际转账制定规则;9 月 27 日,渣打银行宣布完成第一笔跨境实时支付业务,业务全程耗时不到 10 秒,费用与汇率全部透明;11 月 21 日,新加坡华侨银行携同旗下的马来西亚分行及新加坡分行进行了数据区块链支付交易解决方案的试运行并取得成功,成为东南亚首家借助区块链技术实现实时跨境支付交易的银行。[①]

趋势 4 金融科技成为热点,银行争相开展研究合作

日本共同社 2016 年 7 月 8 日报道,三菱东京日联银行将注资经营作为世界最大虚拟货币交易所的美国比特币服务商 Coinbase,希望通过合作开发海外汇款新方式,削减汇款成本。2016 年 7 月 28 日,法国 BPCE 银行集团将德国传统银行业颠覆者 Fidor 收入麾下,成为该集团加速数字化转型的关键一步。2016 年 10 月 13 日,摩根大通在印度尼西亚推出虚拟分支,通过 J.P. Morgan ACCESS® Online SM 的完全集成平台为客户提供一套全面的银行服务。2016 年 11 月 17 日,纽约梅隆银行在新加坡设立全球创新中心,致力于促进与亚洲金融科技企业和客户的合作,借助自身的数码生态系统 NEXEN,打造数据驱动的市场解决方案。[②]

趋势 5 合规监管力度加强,银行境外经营风险不容忽视

2016 年 2 月 2 日,香港证监会表示,高盛集团作为永亨银行的财务顾问,

[①] 资料来源:渣打银行官网、西班牙国际银行官网、极客网。

[②] 资料来源:环球网、法国 BPCE 银行集团官网、摩根大通官网、《国际商报》。

在新加坡华侨银行收购永亨银行过程中完全不符合《收购守则》中有关财务顾问的规定，在合规政策与程序上存在重大不足；6 月 13 日，利比亚投资局指控，高盛集团、法国兴业银行、奥奇—齐夫资本管理集团等涉嫌用行贿手段取得利比亚投资局的大单。2016 年 2 月 17 日，西班牙国民卫队以打击洗钱名义，对中国工商银行马德里分行进行搜查，带走该银行 5 名主要负责人，并将银行临时封锁；11 月 4 日，美国纽约州金融监管机构宣布，中国农业银行纽约分行因违反纽约州反洗钱法以及隐瞒可疑的金融交易，被罚 2.15 亿美元。[①]

趋势 6 亚洲市场吸引力愈增，国际银行加大关注力度

2016 年 3 月 17 日，摩根大通宣布推出"摩根大通亚洲多元化指数系列"，追踪亚洲新兴市场及发达市场（除日本）发行的本币政府债券；5 月 5 日，摩根大通推出新信用指数，该指数是已获得市场普遍认可的"摩根大通新兴市场亚洲信用指数"的延展，为投资者提供跟踪亚洲地区（除日本）美元计价债务工具的参考标准；7 月 1 日，摩根大通宣布，将在印度新德里等地开设三家分支机构。2016 年，瑞银集团先后在上海与香港设立分支机构，旗下瑞银期货有限公司开始在中国面向机构投资者提供期货经纪服务。[②]

趋势 7 "一带一路"项目多受青睐，金砖合作机制愈加深化

2016 年 9 月 26 日，第 39 届全球金融年会在瑞士日内瓦开幕，会上，招商银行与渣打银行（中国）签署了《"一带一路"战略合作协议》。双方承诺未来将借助"一带一路"建设契机，在公司金融、同业市场、结算代理、跨境人民币

---

① 资料来源：《北京晨报》、财新网、新浪财经、《新闻晨报》。
② 资料来源：瑞银集团官网、网易财经、摩根大通官网。

等多个业务领域进行全面深入合作，更好地服务客户，促进"一带一路"沿线区域基础设施互联互通和资本互联互通。2016年8月31日，南非标准银行有限公司与新开发银行（原称金砖银行）就战略合作签署了谅解备忘录，双方将根据该谅解备忘录支持各自客户在非洲和其他新兴国家发展业务。[①]

趋势8　人民币国际化持续推进，各国银行人民币业务渐次展开

瑞士当地时间2016年1月14日，中国建设银行苏黎世分行开业，瑞士人民币清算中心启动。北京时间2016年12月9日，中国农业银行迪拜分行获得授权充当阿联酋人民币业务清算行；同年5月，中国农业银行纽约分行成功发行在美中资金融机构首笔人民币债券，这是中美金融机构联合推动在美人民币业务的创新尝试。南非当地时间2016年7月13日，南非标准银行开始提供人民币现钞自由兑换业务，成为肯尼亚首家提供人民币现钞自由兑换业务的银行；2016年12月2日，星展银行宣布将作为牵头行，在"中新（重庆）战略性互联互通示范项目"下为隆鑫控股完成8亿元境外人民币债券发行。[②]

趋势9　中资支付平台影响力愈广，全球版图愈加完善

2016年7月27日，银联国际宣布，南非莱利银行将开通旗下所有的ATM和POS终端受理银联卡，至此，南非四大银行全面开通银联卡受理业务。2016年10月31日，澳大利亚联邦银行与中国第三方支付平台支付宝签署合作备忘录，成为支付宝在澳大利亚合作的第一家银行，双方将利用各自的技术和平台，为中澳两国消费者提供便利。据2016年12月8日相关报道，支付宝将与法国巴黎银

---

① 资料来源：招商银行官网。

② 资料来源：中国建设银行官网、中国农业银行官网、中国经济网、和讯银行。

行及其他机构合作，让每年在亚洲地区以外旅游的 1600 万名中国游客都能在参与合作的商家平台使用支付宝手机 App 进行支付，这项服务将首先在法国开展，随后逐步扩展至欧洲其他地区。[①]

趋势 10　中资股份制银行国际化步伐加快，不断开设境外重要支点

伦敦当地时间 2016 年 1 月 19 日，招商银行伦敦分行正式成立，成为中国股份制银行在英国获准成立的首家分行；4 月 12 日，招商银行私人银行（纽约）中心正式开业；12 月 12 日，招商银行首家境外全球托管中心在香港特别行政区成立。2016 年 4 月 20 日，中国光大银行首尔分行举行开业揭牌仪式，光大银行第一家境外分行正式开门营业。2016 年 11 月 3 日，中信银行联合中国烟草总公司下属中国双维投资有限公司与哈萨克人民储蓄银行（Halyk Bank）签署股权买卖备忘录，中信银行拟向 Halyk 收购其全资持有的阿尔金银行（Altyn Bank）银行 60% 的股权。[②]

---

① 　资料来源：新华社、法国巴黎银行官网、网易财经。
② 　资料来源：《21 世纪经济报道》、招商银行官网、中国光大银行官网、财华社。

后 记

银行的国际化，于自身而言，可以拥抱更为广阔的国际市场，寻求多样的利润来源，于国家而言，可以登上制定国际经济秩序与规则的世界舞台，争取金融话语权，所以，银行的国际化发展是金融体系建设的重要组成部分。正因如此，2016 年，在世界经济变迁与中国金融改革中，浙江大学互联网金融研究院"金融国际化工作室"正式开始筹建，银行国际化指数（BII）便是金融国际化工作室的主打品牌，它由浙江大学互联网与创新金融研究中心、浙江大学金融研究所、中国人民大学国际货币研究所共同指导完成。

《百舸争流——驰骋国际市场的中外资银行》的顺利推出，得益于全体课题组成员的不懈努力，也离不开金融国际化工作室专家团队的鼎力支持。来自高校与金融业界的众多专家为本期研究和报告提供了专业化的指导，并提出了建设性的意见。此外，浙江大学经济学院博士研究生吕佳敏对报告的完成贡献良多，北京外国语大学国际商学院教师罗曼对报告的英文发布稿亦多有支持。值此报告付梓之际，谨代表全体课题组成员，对专家成员和对本期报告提供支持的其他单位与个人表示诚挚的感谢！

最后，需要说明的是，任何数据的归纳与分析均无法做到尽善尽美，我们希望能够通过课题组成员的努力，发掘全球银行的国际化脉络，但各家银行的统计口径、财务年度、汇率处理不尽相同，加之课题组的学术水平仍有待提高，研究时间较为有限，报告仍然存在许多不足之处，欢迎社会各界批评指正，以帮助我们进一步修改和完善系列报告，为银行国际化、金融国际化的发展贡献绵薄之力。

浙大 AIF 金融国际化工作室

2017 年 10 月 9 日